钱学森图书馆藏品大系

有朋来贺

上海交通大学钱学森图书馆　编

文物出版社

图书在版编目（CIP）数据

有朋来贺 / 上海交通大学钱学森图书馆编. -- 北京：
文物出版社，2024. 12. --（钱学森图书馆藏品大系）.
ISBN 978-7-5010-8596-5

Ⅰ. G262.2-64；K826.16
中国国家版本馆CIP数据核字第2024K72G56号

钱学森图书馆藏品大系——有朋来贺

编　　者　上海交通大学钱学森图书馆

责任编辑　贾东营
摄　　影　周　民
责任印制　张　丽

出版发行　文物出版社
社　　址　北京市东城区东直门内北小街2号楼
邮　　编　100007
网　　址　http://www.wenwu.com
邮　　箱　wenwu1957@126.com
经　　销　新华书店
制版印刷　天津裕同印刷有限公司
开　　本　889mm×1194mm　1/16
印　　张　12.75
版　　次　2024年12月第1版
印　　次　2024年12月第1次印刷
书　　号　ISBN 978-7-5010-8596-5
定　　价　280.00元

序

习近平总书记提出："一个博物院就是一所大学校"。钱学森图书馆是为纪念杰出校友、人民科学家钱学森而在其母校上海交通大学徐汇校区建设的国内第一座国家级科学家纪念馆。经过 13 年的专业化发展，钱学森图书馆在弘扬科学家精神、普及科学文化知识以及开展思想政治教育等方面工作卓有成效。前不久，钱学森图书馆获评为国家一级博物馆，成为全国 327 家国家一级博物馆中唯一一座科学家纪念馆，这再次诠释了交大人"敢为人先"的优良传统。

钱学森图书馆精心组织编写的《钱学森图书馆藏品大系》第二本《有朋来贺》正式出版，有幸在付梓之前看到样稿，甚为欣慰。上海交大历来重视人才培养，将立德树人作为教育工作的根本任务，善用"大思政课"培育时代新人。书中所选贺卡多为钱学森收藏的重要节日期间友人敬贺祝福的卡片。编者经过细致考证与研究将内容分为"国防战线的浓浓心意、学界同仁的美好祝愿、亲朋晚辈的殷殷问候"三部分。通读此书，我们不仅可以深切体会到以钱学森为代表的老一辈科学家"爱国、创新、求实、奉献、协同、育人"的科学家精神；更为重要的是，通过编研，"让文物说话，让历史说话，让文化说话"的深刻内涵得到清晰呈现。谨将阅读中的些许感受写下，以作嘱序之情。

第一，让文物说话。作为一座国家级科学家纪念馆，讲好中国科学家故事、弘扬科学家精神始终是钱学森图书馆的初心与使命。无论是孙家栋、王永志致钱学森生日贺卡背后蕴含的钱学森"对年轻人总是不遗余力地提携"，还是内蒙古沙产业草产业协会夏日、郝诚之等人书写的"我们为中国有您这样的战略科学家、西部贴心人而自豪"，抑或汪成为、于景元、戴汝为等人描绘的"系统论学习班在您的亲自主持和带领下，学术活动严谨、活跃"等重要文物信息，都为讲好中国科学家故事提供了更多真实生动的素材。通过活化文物资源对教育教学和学术研究的助力，从而为深入推进大中小学思想政治教育一体化建设提供内容支撑。

第二，让历史说话。百廿交大拥有丰富的党史、校史等红色资源。钱学森图书馆就是国内外钱学森各个时期文献实物最完整、最系统、最全面的收藏保管中心。这些与钱学森贺卡交往的对象从 1955 年冲破重重阻力与钱学森同船归国的科学家，到艰苦奋斗、大力协同在国防科技战线的航天人，再到钱学森晚年为社会主义现代化建设而不懈奋斗的学术伙伴，他们的经历与故事无一不是党史、新中国史、改革开放史、社会主义发展史的重要见证。正因如此，我们更应义不容辞地承担起"大思政课"的主体职能，引导广大师生厚植家国情怀，担当时代使命。让这些历史成为弘扬科学家精神，不断开创新时代思政教育新局面的思想源泉。

第三，让文化说话。有朋自远方来，不亦乐乎。在中华优秀传统文化中，文人雅好和研究学问是君子交游的核心内容。作为中国知识分子的杰出代表，钱学森晚年治学的重要途径是书信交流，他喜好通过文字与各行各业学者切磋学问，并于此间结交了大量的同道中人。何为同道？即以学术研究为纽带，以书信为介质，以贺卡为感情升华。《有朋来贺》收录的贺卡就是钱学森与志同道合之士君子交游的最好见证。此外，书中收录的贺卡还有"调寄柳梢青"等即兴创作的诗词雅句之诗词文化，晚辈亲人于钱学森生日之际温馨的闲话家常之家族、家训文化。这些贺卡反映了钱学森的精神、情感交流，展示了一种较高层次的人际关系与文化内涵，其中蕴含的优秀传统文化亦是深入推进大中小学思想政治教育一体化建设的力量根基。

本书公布的贺卡多为钱学森生前收藏，后由其哲嗣钱永刚教授慷慨捐赠，另有少量为近年来社会征集所得。这些贺卡保存完好、内容丰富，而且兼具审美旨趣，皆为难得珍品。通过研读，爱国知识分子、人民科学家钱学森在重要节日与友人的君子之交跃然纸上。更为重要的是，这些贺卡从友人满怀美好祝愿地书写与寄送，到钱学森收到后拆阅并悉心收藏，再到其哲嗣钱永刚教授的慷慨捐赠，不仅使贺卡成为钱学森生平经历与科学家精神的历史见证，也反映了钱学森作为百廿交大学子"饮水思源，爱国荣校"的精神品质。

百尺竿头，更进一步。作为上海交大建成的第一座国家一级博物馆，钱学森图书馆是学校文博事业发展的重要里程碑。在新的历史起点上，我们将紧扣新时代新征程教育使命，为钱学森图书馆注入更为优质的高校资源，并逐步构建起以文物资源活化利用为基础，以科学家精神融入"大思政课"为抓手，以"大中小学思政教育一体化"为特色的育人体系，使其成为面向社会具有示范意义的博物馆。希望钱学森图书馆牢记初心与使命，通过"藏品大系"等有生命力的系列图书出版项目，用好钱学森这座科学家精神的宝藏，切实发挥科学家精神教育基地的育人阵地作用，讲好钱学森故事，弘扬科学家精神，激励广大青少年学生以钱学森等老一辈爱国科学家为榜样，培养爱国之情、砥砺强国之志、实践报国之行，为加快建设科技强国，实现高水平科技自立自强，作出更大贡献。

是为序。

上海交通大学校长、中国科学院院士

目 录

■ 第一部分
国防战线的浓浓心意

■ 第二部分
学界同仁的美好祝愿

■ 第三部分
亲朋晚辈的殷殷问候

謹賀新年

健康长寿

吉祥如意

第一部分

国防战线的浓浓心意

　　众所周知，1955 年钱学森冲破重重阻力回到祖国后便自觉将个人命运与祖国命运紧密相连，毅然投身于导弹航天事业的创建与发展。1956年初，钱学森担任中国科学院力学研究所所长，不久又担任国防部第五研究院院长、副院长、第七机械工业部副部长，此后他还担任过国防科委副主任等职；任职期间，他在中国第一枚近程地地导弹发射试验、"两弹结合"试验等多次发射任务中担任技术总负责人。正因如此，钱学森在国防战线建立了广泛的工作往来。《有朋来贺》第一部分收录的 27 组贺卡均为钱学森因从事国防科技事业而结识的同事、朋友赠予，这些贺卡不仅是钱学森参与中国航天科技事业艰苦奋斗、大力协同的生动记录，亦是他建立航天科技人才队伍的最好见证。

　　贺卡记录了钱学森带领老一辈航天科技工作者爱国奉献、艰苦奋斗的光辉历程。1960 年，当我国第一枚近程导弹"东风一号"研制工作进行到最后阶段时，苏联撤走全部在华专家，这给国防部第五研究院的导弹仿制工作造成了一定困难。此时，钱学森遵照党中央、毛主席"自力更生发展我国尖端技术"的精神，每周末下午都把型号总设计师请到家中开会，讨论重大技术问题。钱学森通常先邀请大家充分发表意见，对于意见一致的问题，他当即拍板决策；意见相左时，如果不是急办的，留待下周继续讨论，如若紧急，则由他根据讨论情况，提出解决办法，大家分头去办。具体实施过程中，若有行不通之处，亦留待下周复议。据此"民主集中制"原则执行之事，办成了，功劳是大家的；失败了，责任由他承担。实践证明，这种做法颇为有效，在航天初创时期发挥了重要作用，而"民主集中制"也成为中国航天事业走到今天的一条重要原则。实际上，导弹研制工作并非一帆风顺。"东风一号"成功发射后不久，我国自行研制的第一枚改进型中近程导弹"东风二号"曾遭遇试飞失败。此时，钱学森以几十年从事科研工作的亲身经历，引导全体试验队员做好故障分析工作，并提出"把故障消灭在地面上"；1964年6月重新设计的"东风二号"成功发射，由此"把故障消灭在地面上"亦成为我国导弹航天事业的另外一条重要原则和准绳。

值得一提的是，贺卡还记录了钱学森从事国防科技工作过程中，以国家的科学事业发展需要为前提，唯才是举、大胆起用的育人精神。钱学森以渊博的学识和高尚品格，带出了一大批优秀科学家和工程技术人员，其中不乏成为我国航天科技事业的领军人才，同为"两弹一星"元勋的孙家栋就是其中之一。

20世纪50年代，钱学森在赴苏谈判时认识了担任俄语翻译的孙家栋。孙家栋由于在工作上表现突出，受到钱学森的关注，先后参加和领导了中近程和中程导弹的研制试验工作。1967年，钱学森向中央领导推荐年仅38岁的孙家栋负责第一颗人造卫星的总体设计工作，并获得聂荣臻的批准。在钱学森的扶植培养下，孙家栋先后担任中国第一枚自行设计的中程战略导弹总体主任设计师、第一颗人造地球卫星技术负责人、中国探月工程总设计师。

此外，已故中国工程院院士王永志生前也曾谈到钱学森"对年轻人总是不遗余力地提携"。1961年王永志从莫斯科航空学院学成归国后，进入钱学森担任首任院长的国防部第五研究院工作。其间，因发射场高温天气引发的射程问题，钱学森偶然认识了王永志这位"很会逆向思维"的年轻人，并对其印象深刻。此后王永志屡有创新，亦得到钱学森的鼎力支持。根据王永志回忆："第一代战略火箭获得成功后，国家开始搞第二代战略火箭，钱老提议，让第二代航天人来挂帅，并推荐我担任第二代火箭第一个型号的总设计师。当时我只有40多岁，是比较年轻的科研工作者。"

20世纪90年代，钱学森早已退出国防科研一线的领导职务。作为学生的孙家栋与王永志仍不忘钱学森的谆谆教诲，在重要节日送上贺卡，敬祝老师生日快乐、健康长寿。钱学森晚年亦在家中书柜最显眼的位置，摆放着两位学生赠送的"月球仪"与"神舟一号"飞船模型，每天醒来即可看到。

不仅如此，第一部分收录的还有基地官兵、航天后辈及相关工作人员赠送的贺卡。1986年钱学森在参与"863"计划时，曾听取时任航天工业部第一研究院科技委于翘副主任等几位材料专家的讨论，并"学到不少东西"。1986年至1990年间，钱学森多次致函于翘，畅谈关于材料科学的相关问题。其间，钱学森深感材料科学的重要性，认为"材料科学需要而且有可能系统化"，"要有理论来指导"，"要有紧迫感"，并建议各行各业联合攻关。王越于20世纪60年代在西安某设计所担任型号预研工作的技术负责人，曾向时任七机部副部长钱学森汇报工作，而与之产生工作交集。1956年孔祥言从北京大学力学专业毕业后，即被分配到中国科学院力学研究所，在钱学森指导下开展力学和空间技术研究，并于 1963 年成为钱学森作为全国星际航行委员会主任的技术秘书。

　　除此之外，还有一些贺卡寄送者与钱学森仅仅因试验任务有过短暂接触。尽管贺卡寄送双方合作次数多少有异且接触深浅不一，但钱学森的崇高品质和科学精神仍然给很多航天人带来了深远影响。他们时刻铭记钱学森"解放思想，实事求是"的工作要求，感慨"这比告诉我们一个具体的方法，或者一个具体的模型更重要"，并把取得的成绩作为礼物通过贺卡献给钱学森。

　　由此可见，这些钱学森收藏的来自国防战线的贺卡，不仅记录着钱学森走过国防科技事业的无数艰难岁月和高光时刻，是新中国"两弹一星"事业的重要见证；更为重要的是，贺卡背后的感人故事时刻激励着新一代航天人不断地追求更新更高的目标，沿着钱学森开辟的道路奋勇前进。

▷ **于翘致钱学森的新年贺卡**

待考

纸质　一张

纵 17.6 厘米　横 25.9 厘米

〔释文〕

钱老：祝您

新年快乐

全家幸福

吉祥如意

健康长寿

于翘敬祝

◎ **于翘**

曾任航天工业部一院科技委副主任

尊敬的钱老：

　　今天是您九十五岁生日；同时今年又是中国航天创建50周年。您带领老一辈航天科技工作者爱国奉献、艰苦奋斗的光辉历程以及取得的伟大成就总是时刻激励着我们新一代航天人不断地追求更新更高的目标。我们决心在您的崇高品质和科学精神的引领下，沿着您开辟的道路奋勇前进，把成功作为最好的生日礼物献给您，祝您生日快乐！健康长寿！

中国航天科技集团五院 党委书记

王永汉

2006 年 12 月 11 日

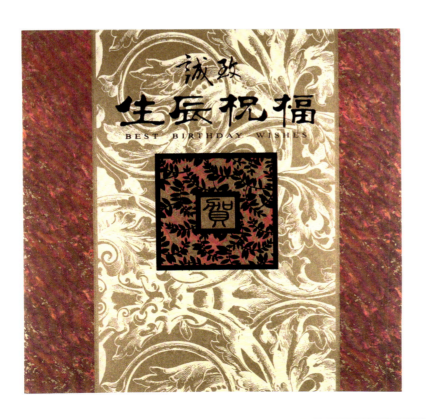

王永汉致钱学森的生日贺卡

2006 年
纸质　一张
纵 26.3 厘米　横 52.5 厘米

〔释文〕

尊敬的钱老：

　　今天是您九十五岁生日，同时今年又是中国航天创建50周年。您带领老一辈航天科技工作者爱国奉献、艰苦奋斗的光辉历程以及取得的伟大成就总是时刻激励着我们新一代航天人不断地追求更新更高的目标。我们决心在您的崇高品质和科学精神的引领下，沿着您开辟的道路奋勇前进，把成功作为最好的生日礼物献给您，祝您生日快乐！健康长寿！

中国航天科技集团五院　党委书记

王永汉

2006 年 12 月 11 日

◎王永汉

　　时任中国航天科技集团公司第五研究院党委书记，曾获得"神舟六号载人航天飞行优秀党务工作者"称号。

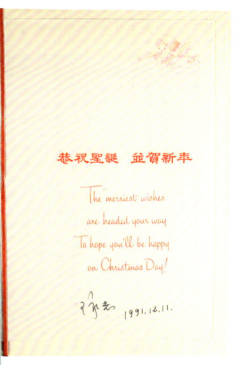

▷ **王永志致钱学森的生日贺卡**

1991 年
纸质　一张
纵 19.8 厘米　横 25.5 厘米

〔释文〕

敬爱的钱老：

　　值此您八十寿辰之际，请接受我的衷心祝愿，祝愿您健康长寿！

　　当党和政府对您的为人和贡献给予恰当评价，授予您崇高称号时，我们都很激动，为在您领导下工作，为有您这样的榜样而自豪。愿您多多保重，继续指导我们前进！

王永志　敬书
1991.12.11 北京

敬爱的钱老：
　　值此您的华诞之日，我们谨以非常崇敬的心情表达一个衷心的祝愿：
　　祝您身体健康长寿！
　　愿您精神永远愉快！

学生　王永志　王丹阳
二〇〇四年十二月十一日晨

①

◁ **王永志、王丹阳致钱学森的生日贺卡**

2004 年、2006 年、2007 年、2008 年
纸质　四张
① 纵 26 厘米　横 38.3 厘米
② 纵 25.9 厘米　横 38.5 厘米
③ 纵 26 厘米　横 38.5 厘米
④ 纵 26 厘米　横 37.8 厘米

〔释文①〕

敬爱的钱老：

　　值此您的华诞之日，我们谨以非常崇敬的心情表达一个衷心的祝愿：

　　祝您身体健康长寿！

　　愿您精神永远愉快！

学生　王永志　王丹阳
二〇〇四年十二月十一日晨

◎ **王永志、王丹阳**

　　王永志，中国工程院院士，中国载人航天工程首任总设计师，第十一届全国政协委员，"共和国勋章"获得者。

　　王丹阳，王永志的夫人。

②

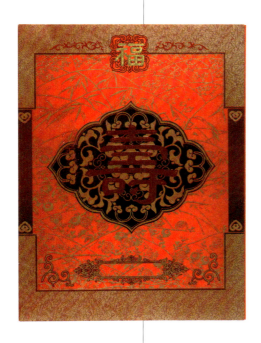

〔释文②〕

恭贺：敬爱的钱老九十五岁寿辰！

敬祝：钱老、蒋老师健康高寿！

王永志 王丹阳

二〇〇六年十二月十日 北京

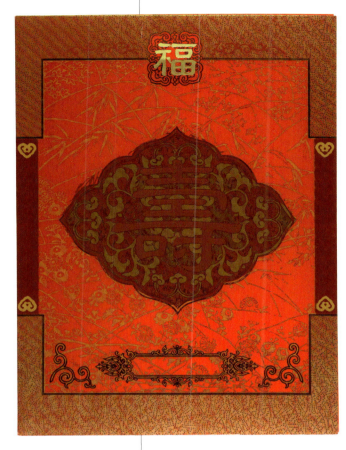

③

〔释文③〕

敬爱的钱老并蒋老师

　　值此钱老九十六岁华诞之日，请接受我
们由衷的祝福，祝愿钱老长寿健康！祝愿蒋
老师多加保重，永保（葆）健康！

　　　　　王永志　王丹阳　恭贺
　　　　　二○○七年十二月十一日于北京

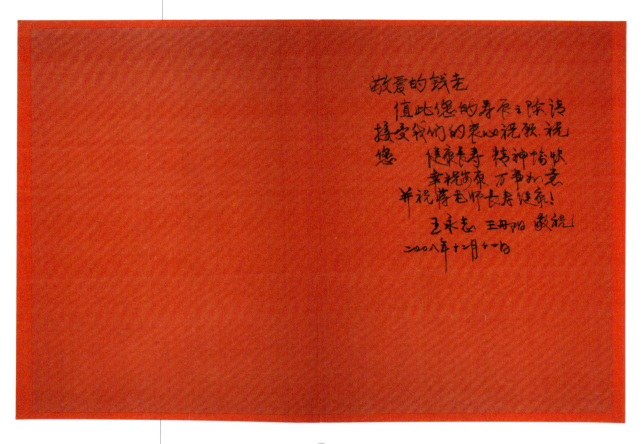

〔释文④〕

敬爱的钱老

　　值此您的寿辰之际，请接受我们的衷心
祝愿，祝您

　　健康长寿　精神愉快

　　幸福安康　万事如意

　　并祝蒋老师长寿健康！

　　　　　　　　　王永志　王丹阳　敬祝

　　　　　　　　　二〇〇八年十二月十一日

〔释文〕

王越

Wang　yue

◎王越

　　中国科学院院士，中国工程院院士，雷达与通信系统专家，长期从事电子学与通信领域研究。20 世纪 60 年代，王越在西安某设计所工作时，担任某型号预研工作的技术负责人，曾向时任七机部副部长钱学森汇报工作，因而有过一段时间的工作交流。

◁ 王越致钱学森的新年贺卡

待考
纸质　一张
纵 26.1 厘米　横 18.5 厘米

▷ **牛红光致钱学森的
新年贺卡**

2008 年
纸质　一张
纵 25.8 厘米　横 28 厘米

〔释文〕
尊敬的钱老：
　　值此新春佳节来临之际，
衷心祝愿您及全家：
　　新春愉快
　　身体健康
　　阖家幸福
　　万事如意！

　　　　　　　牛红光　敬贺
　　　　　　二零零八年岁末

○牛红光
　　中国人民解放军原总装备
部副部长、中国载人航天工程
副总指挥。

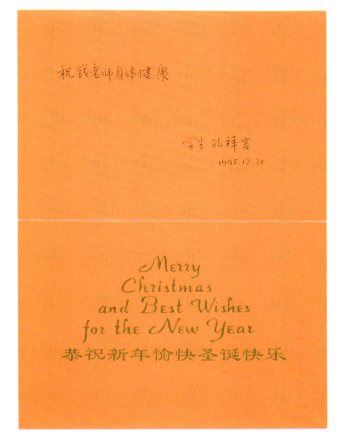

△ **孔祥言致钱学森的**
新年贺卡

1995 年
纸质　一张
纵 24 厘米　横 17.2 厘米

〔释文〕

祝钱老师身体健康

学生　孔祥言
1995.12.20

◎孔祥言

　　中国科学技术大学教授，博士生导师。1963 年钱学森担任全国星际航行委员会主任时，孔祥言任其技术秘书。

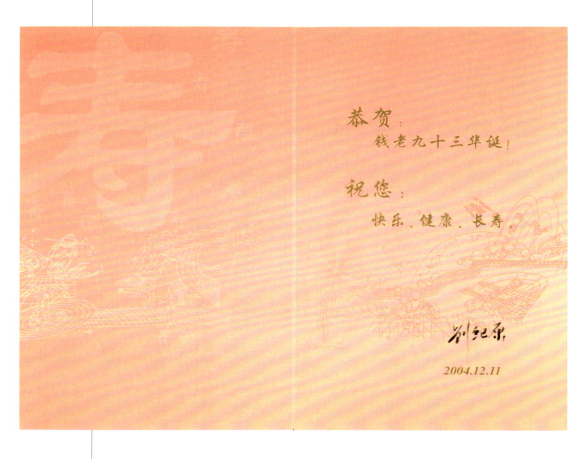

恭贺：
　　钱老九十三华诞！

祝您：
　　快乐、健康、长寿。

刘纪原

2004.12.11

①

▷ 刘纪原致钱学森的
生日贺卡

2004 年、2005 年、2007 年
纸质　三张
① 纵 21.2 厘米　横 27.7 厘米
② 纵 28.6 厘米　横 20.7 厘米
③ 纵 20.5 厘米　横 28.8 厘米

〔释文①〕
恭贺：
　　钱老九十三华诞！
祝您：
　　快乐、健康、长寿。

刘纪原
2004.12.11

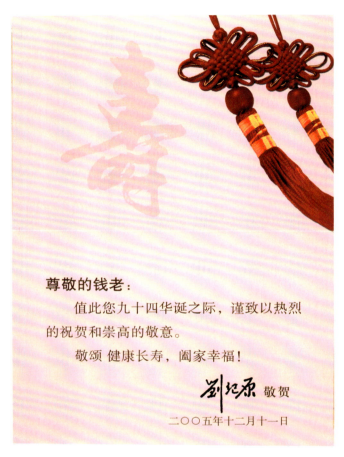

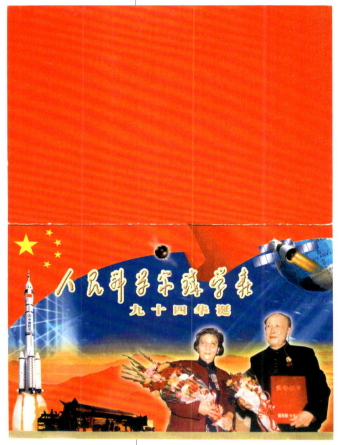

②

〔释文②〕

尊敬的钱老：

值此您九十四华诞之际，谨致以热烈的祝贺和崇高的敬意。

敬颂 健康长寿，阖家幸福！

刘纪原敬贺

二〇〇五年十二月十一日

○刘纪原

原中国航天工业总公司总经理（国家航天局局长）、党组书记，长期从事导弹和运载火箭控制系统的研究和航天系统工程管理。

〔释文③〕

尊敬的钱老:

　　在您九十六岁华诞来临之际,我谨祝福您健康长寿、万事如意!

2007 年 12 月 11 日
刘纪原

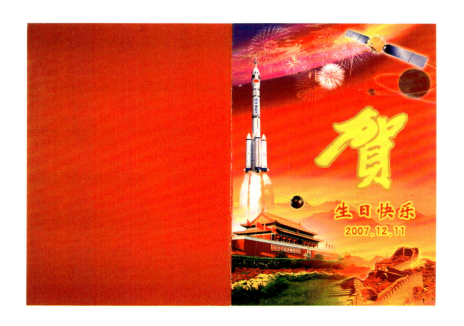

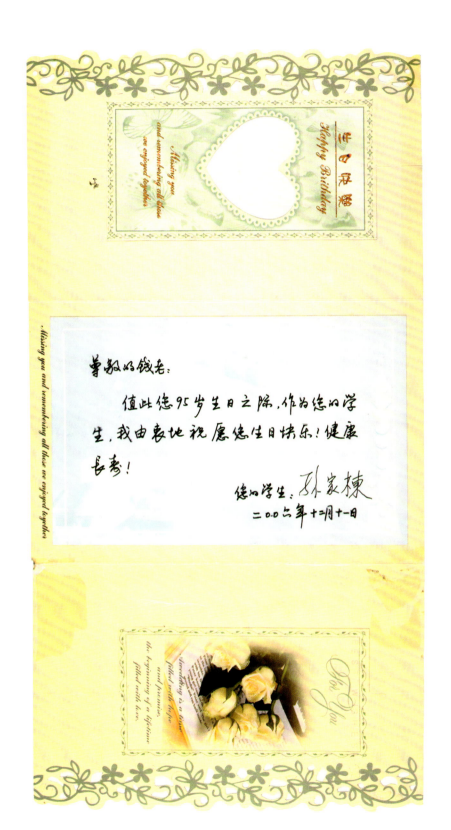

〔释文〕

孙家栋致钱学森的
生日贺卡

2006 年
纸质　一张
纵 46.7 厘米　横 23.3 厘米

〔释文〕

尊敬的钱老：

　　值此您 95 岁生日之际，作为您的学生，我由衷地祝愿您生日快乐！健康长寿！

　　　　　您的学生：孙家栋
　　　　　二〇〇六年十二月十一日

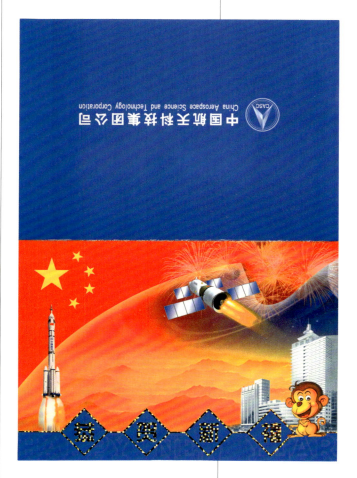

①

△ **孙家栋、魏素萍致
钱学森的生日贺卡**

2004 年、2005 年、2007 年、
2008 年
纸质　四张
① 纵 25.9 厘米　横 18.5 厘米
② 纵 25.7 厘米　横 38 厘米
③ 纵 26 厘米　横 37.9 厘米
④ 纵 26 厘米　横 38.3 厘米

〔释文①〕

敬爱的钱老：
　　祝您九十三华诞
　　健康长寿。

　　　　　孙家栋　魏素萍
　　　　　　2004.12.10

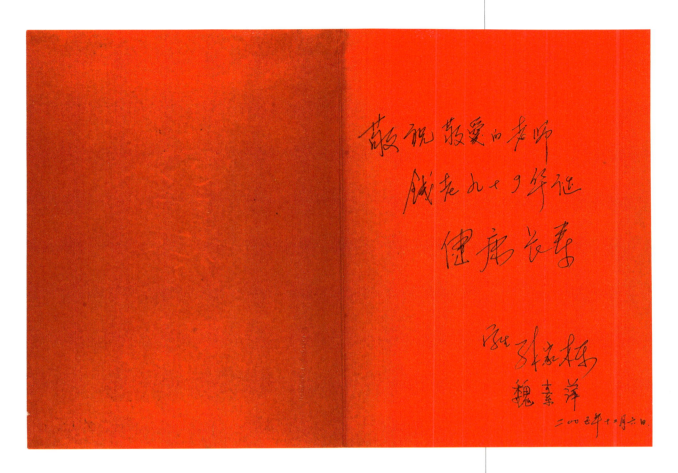

②

〔释文②〕

敬祝敬爱的老师

　　钱老九十四华诞

　　健康长寿

　　　　学生　孙家栋　魏素萍

　　　　二〇〇五年十二月六日

◎孙家栋、魏素萍

　　孙家栋，中国科学院院士，火箭和卫星总体技术专家，中国探月工程首任总设计师，长期从事运载火箭、人造卫星研制工作，"两弹一星功勋奖章""共和国勋章"获得者。

　　魏素萍，孙家栋的夫人。

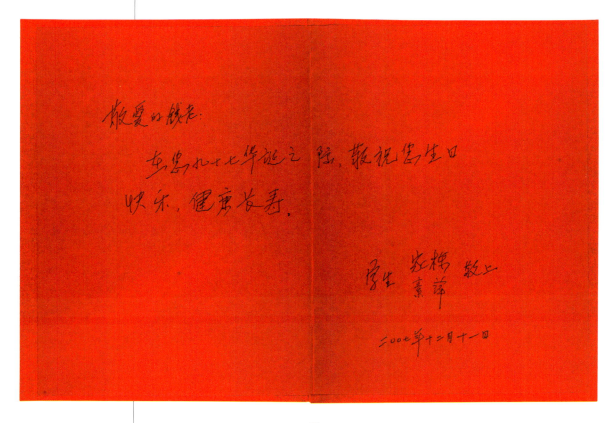

〔释文③〕

敬爱的钱老：

在您九十七（六）华诞之际，敬祝您生日快乐，健康长寿。

学生　家栋　素萍　敬上
二〇〇七年十二月十一日

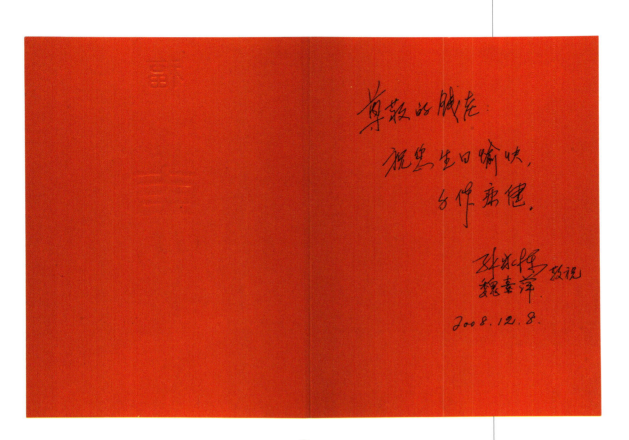

④

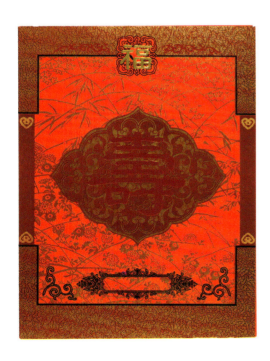

〔释文④〕

尊敬的钱老

祝您生日愉快，身体康健。

孙家栋 魏素萍 敬祝

2008.12.8

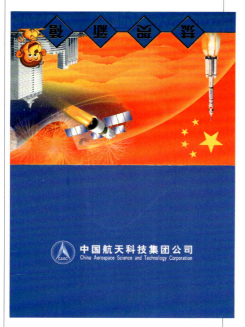

△ 李宝安、陈大亚、
郭明胜致钱学森的
生日贺卡

2004 年、2006 年、2007 年
纸质　三张
① 纵 25.9 厘米　横 18.5 厘米
② 纵 39 厘米　横 26.6 厘米
③ 纵 29.6 厘米　横 21.6 厘米

◎ 李宝安、陈大亚、郭明胜

　　李宝安，原中国航天工业
总公司总会计师。

　　陈大亚，原中国航天工业
总公司老干部局局长。

　　郭明胜，中国航天科技集
团科技委原副秘书长。

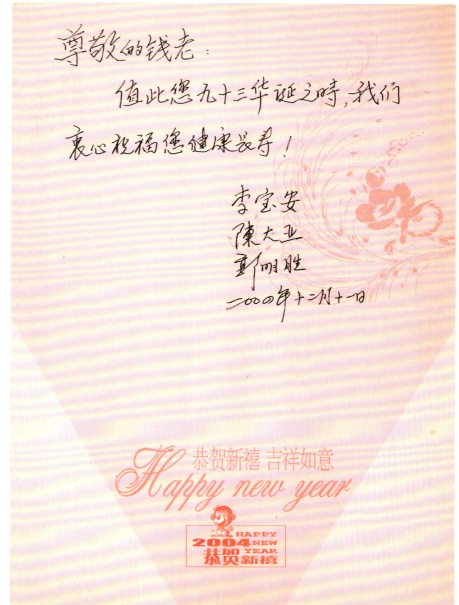

①

〔释文①〕

尊敬的钱老：

　　值此您九十三华诞之时，我
们衷心祝福您健康长寿！

　　　　　李宝安　陈大亚　郭明胜
　　　　　二〇〇四年十二月十一日

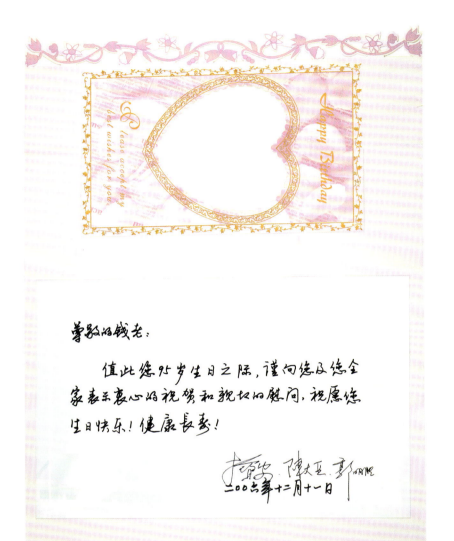

②

〔释文②〕

尊敬的钱老：

　　值此您 95 岁生日之际，谨向您及您全家表示衷心的祝贺和亲切的慰问，祝愿您生日快乐！健康长寿！

　　　　　李宝安　陈大亚　郭明胜
　　　　　二〇〇六年十二月十一日

③

〔释文③〕

敬祝:

　　钱老生日快乐!

　　健康长寿!

　　　　　　　李宝安　陈大亚　郭明胜

　　　　　　　二〇〇七年十二月十一日

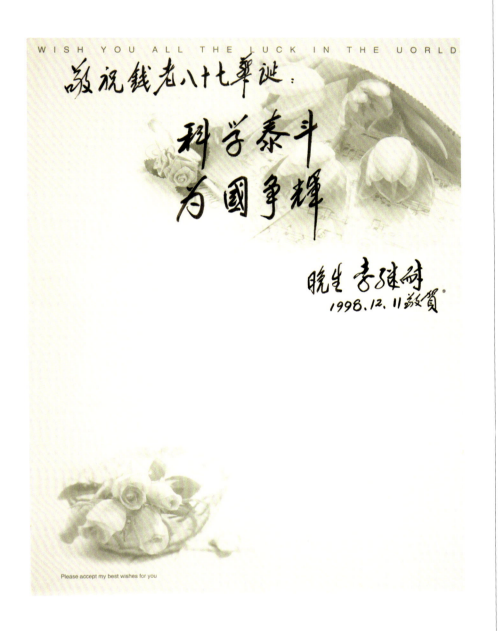

◁ **李继耐致钱学森的
生日贺卡**

1998 年
纸质　一张
纵 28.6 厘米　横 21.5 厘米

◎ 李继耐

　时任中国人民解放军总装
备部政委、党委副书记。

〔释文〕

敬祝钱老八十七华诞：

　　科学泰斗

　　为国争辉

晚生　李继耐

1998.12.11 敬贺

①

△ **李继耐致钱学森和**
蒋英的新年贺卡

2005 年、2006 年
纸质　两张
① 纵 21 厘米　横 28.1 厘米
② 纵 15 厘米　横 44 厘米

〔释文①〕

谨贺：钱老　蒋教授
　　新春愉快

　　　　　李继耐 6/2

②

〔释文②〕

祝钱老

　新春愉快　工作顺利

　身体健康　阖家幸福

　　　　李继耐

　　　二〇〇六年元月

钱老 蒋老：

　　敬仰您们伟大的事业成就，更仰慕您们生死不渝的爱情。一束鲜花，捎来一对普通夫妇的祝福。

第二炮兵部队：杨菁
航天时代公司：刘庆雪

▷ **杨菁、刘庆雪致钱学森和蒋英的贺卡**

待考
纸质　一张
纵 12.3 厘米　横 17 厘米

〔释文〕

钱老　蒋老：

　　敬仰您（你）们伟大的事业成就，更仰慕您（你）们生死不渝的爱情。一束鲜花，捎来一对普通夫妇的祝福。

　　第二炮兵部队：杨菁
　　航天时代公司：刘庆雪

①

〔释文①〕
祝：
　　新春愉快　身体健康
　　阖家幸福　万事如意

　　　　　　迟万春
　　　　　　二○○五年元月

◁ **迟万春致钱学森的
新年贺卡**

2005 年、2007 年、2009 年
纸质　三张
① 纵 26 厘米　横 20 厘米
② 纵 21 厘米　横 28.5 厘米
③ 纵 20.8 厘米　横 28 厘米

◎**迟万春**

　　时任中国人民解放军总装备部
政治委员、党委副书记。

〔释文②〕

恭祝：

新春愉快

身体健康

阖家幸福

万事如意！

迟万春

二〇〇七年元月

②

〔释文③〕

祝：

新春愉快

身体健康

阖家幸福

万事如意

迟万春

二〇〇九年元月

③

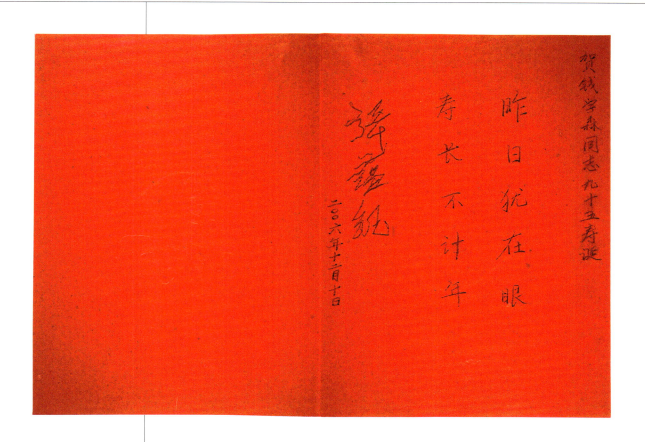

▷ **张蕴钰致钱学森的生日贺卡**

2006 年
纸质　一张
纵 26 厘米　横 38 厘米

〔释文〕

贺钱学森同志九十五寿诞
昨日犹在眼
寿长不计年

张蕴钰
二〇〇六年十二月十日

◎ **张蕴钰**

原国防科学技术工业委员会副主任，核试验基地首任司令员。

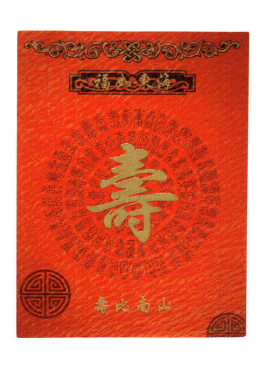

◁ **陈炳德致钱学森的新年贺卡**

2007 年、2009 年
纸质 两张
① 纵 21 厘米 横 28.5 厘米
② 纵 21 厘米 横 27.1 厘米

〔释文①〕

钱老：新年好！

　　值此新春佳节来临之际，谨向您及家人致以新年的祝福和节日的问候！祝您：

　　新春愉快 身体健康
　　阖家欢乐 万事如意

　　　　　　　　　　陈炳德
　　　　　　　二〇〇七年元月

①

〔释文②〕

　　值此新春佳节来临之际，谨向您致以节日的祝贺和新年的问候！祝：

　　新春愉快

　　身体健康

　　合（阖）家欢乐

　　万事如意

　　　　　　　　　陈炳德

　　　　　　　二〇〇九年元月

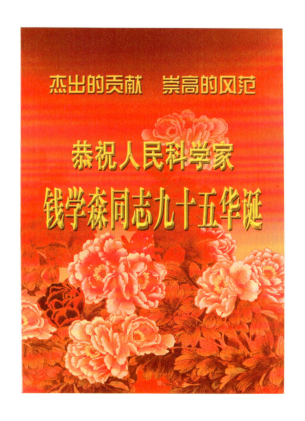

〔释文〕

敬爱的钱老：

　　我们谨代表总装备部全体官兵，对您为我国科技事业和武器装备建设作出的杰出贡献表示崇高的敬意！

　　祝您生日快乐，健康长寿，阖家幸福！

陈炳德　迟万春
二〇〇六年十二月十一日

△ 陈炳德、迟万春致钱学森的生日贺卡

2006 年
纸质　一张
纵 37 厘米　横 52.2 厘米

○陈炳德

　　时任中国人民解放军总装备部部长、党委书记。

▷ **柳克俊致钱学森的**
新年贺卡

2009 年
纸质　一张
纵 22.1 厘米　横 21.7 厘米

〔释文〕

恭祝钱学森院士

新春愉快

工作顺利

身体健康

阖家幸福！

柳克俊敬贺

海军装备研究院

◎柳克俊

计算机、信息系统工程专家，曾主持研制中国第一台军用计算机。

谨呈 钱学森教授

恭贺 新禧

With best wishes for the new year.

祝新年快乐，健康长寿。

贺德馨

1995.12

①

▷ **贺德馨致钱学森的**
新年贺卡

1995 年、1998 年
纸质　两张
① 纵 19 厘米　横 26.5 厘米
② 纵 21 厘米　横 28.2 厘米

〔释文①〕

谨呈钱学森教授

　　祝新年快乐，健康长寿。

贺德馨

1995.12

致以新春诚挚问候
Season's Greetings With Best Wishes

恭贺新禧

②

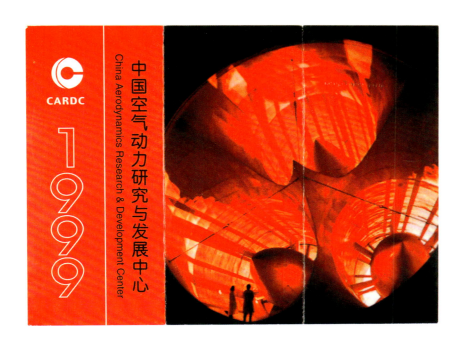

CARDC

1999

中国空气动力研究与发展中心
China Aerodynamics Research & Development Center

〔释文②〕

钱老：

祝健康长寿

贺德馨谨上

1998 年 12 月

◎贺德馨

中国空气动力研究与发展中心原总工程师。

▷ **殷兴良致钱学森的新年贺卡**

2005 年
纸质　一张
纵 22 厘米　横 35.8 厘米

〔释文〕

在新春佳节即将到来之际，我代表集团公司全体干部职工，祝钱老身体安康，全家幸福，新春快乐！

殷兴良
2005.元.17

◎ 殷兴良

时任中国航天科工集团公司总经理、党组书记。

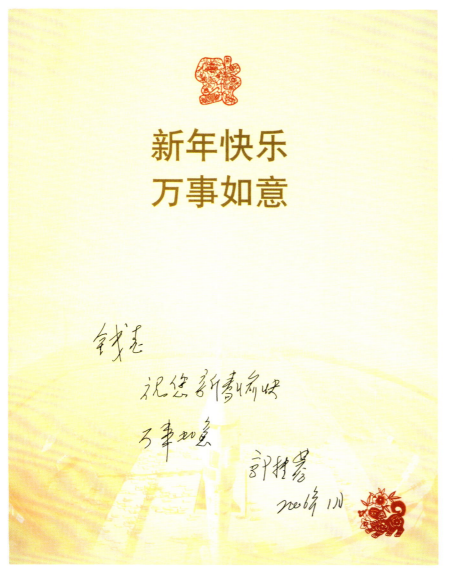

①

◁ 郭桂蓉致钱学森的 新年贺卡

2006 年、2007 年、2008 年
纸质　三张
① 纵 28 厘米　横 21.5 厘米
② 纵 21 厘米　横 28 厘米
③ 纵 21 厘米　横 28 厘米

〔释文①〕

钱老

　　祝您新春愉快

　　万事如意

郭桂蓉

2006 年 1 月

◁ 郭桂蓉

中国工程院院士，主要从事雷达抗干扰技术、雷达自动目标识别技术与系统的研究，中国人民解放军原总装备部科学技术委员会主任。

〔释文②〕

钱老：

　　值此新春来临之际，谨祝新
的一年里

　　工作顺利

　　身体健康

　　阖家幸福

　　事事如意

　　　　　　　　　郭桂蓉

　　　　　　　　　丁亥年岁末

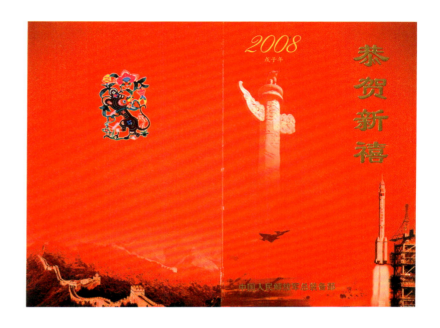

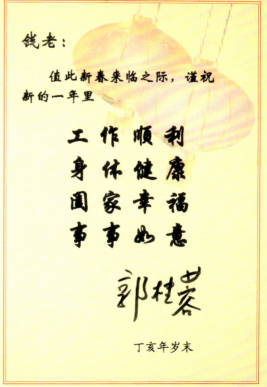

②

〔释文③〕

值此新春来临之际，谨祝：

　　新年快乐

　　幸福安康

　　　　　　　　郭桂蓉

　　　　　　　　戊子年岁末

▷ **郭智勇致钱学森的生日贺卡及贺信**

2004 年
纸质　一套两件
贺卡　纵 19.1 厘米　横 26 厘米
贺信　纵 26 厘米　横 19 厘米

〔释文〕

永刚：

　　祝钱老生日快乐
　　健康长寿

〔释文〕

钱副主席：

　　您好！

　　欣逢您吉庆大寿，我们谨祝您生命之树长青，学术之树长青，精神之树长青！

　　感谢钱副主席多年来对中国航天系统工程公司的亲切关怀和指导，您的话语激励着中国航天系统工程公司全体同仁继往开来，乘风破浪，为使中国航天系统工程公司名扬国内外奋勇前进，为弘扬中国航天事业，再创航天佳绩而努力奋斗！

　　敬祝钱副主席福寿安康！

中国航天系统工程公司
总经理：郭智勇
二〇〇四年十二月十一日

SEASON'S GREETINGS

中国航天系统工程公司

钱副主席：

　　您好！

　　欣逢您吉庆大寿，我们谨祝您生命之树长青，学术之树长青，精神之树长青！

　　感谢钱副主席多年来对中国航天系统工程公司的亲切关怀和指导，您的话语激励着中国航天系统工程公司全体同仁继往开来，乘风破浪，为使中国航天系统工程公司名扬国内外奋勇前进，为弘扬中国航天事业，再创航天佳绩而努力奋斗！

　　敬祝钱副主席福寿安康！

中国航天系统工程公司
总经理：
二〇〇四年十二月十一日

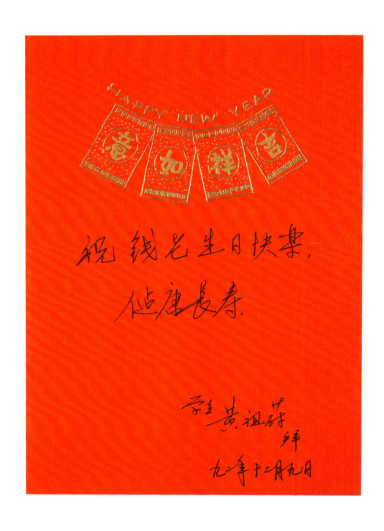

< 黄祖蔚致钱学森的
生日贺卡

1992 年
纸质 一张
纵 18.8 厘米 横 26.5 厘米

〔释文〕
祝：钱老生日快乐
　　健康长寿

　　　　学生 黄祖蔚 拜
　　　　九二年十二月九日

◎ 黄祖蔚
　　中国航天 710 研究所研究员，曾与钱学森于书信中讨论"吸气式航天运载工具"的发展。

▷ **黄翠芬、周廷冲致钱学森和蒋英的新年贺卡**

1995 年
纸质　一张
纵 24 厘米　横 17.3 厘米

〔释文〕

敬祝　钱老暨夫人

　　健康长寿　全家幸福

　　　　黄翠芬　周廷冲　鞠躬

　　　　一九九五．十二月十二日

茶花　吴敏荣作
书号：85003·2047

◎黄翠芬、周廷冲

　　黄翠芬，中国工程院院士，微生物、免疫及遗传工程专家。

　　周廷冲，中国科学院院士，生化药理学家，黄翠芬的丈夫。

▽ 崔吉俊、刘克仁致 钱学森的新年贺卡

2009 年
纸质　一张
纵 27.8 厘米　横 21 厘米

◎崔吉俊、刘克仁

崔吉俊，时任酒泉卫星发射中心主任。

刘克仁，时任酒泉卫星发射中心党委书记。

〔释文〕

尊敬的钱老：

值此新年来临之际，我们谨代表二十基地全体官兵向首长及家人致以诚挚的节日祝福，恭祝新年吉祥，身体健康，工作顺利，阖家欢乐！

崔吉俊　刘克仁

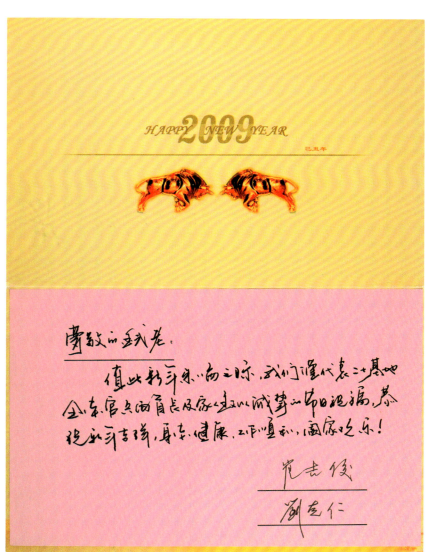

钱学森同志：
　　祝您健康长寿.为我国我军科学事业的发展作出更大的贡献！

军事科学院
蒋顺学
杨永斌
一九九一年十二月十一日

HAPPY BIRTHDAY
值得慶賀 的 生日
——祝你凡事如意又如願——

IT'S ESPECIALLY FOR YOU

Sincerest congratulations on your Birthday.

生日快樂

〔释文〕

钱学森同志：

　　祝您健康长寿，为我国我军科学事业的发展作出更大的贡献！

军事科学院　蒋顺学　杨永斌

一九九一年十二月十一日

△ 蒋顺学、杨永斌致钱学森的生日贺卡

1991 年
纸质　一张
纵 38 厘米　横 52 厘米

◎ 蒋顺学、杨永斌

　　蒋顺学，时任中国人民解放军军事科学院院长。
　　杨永斌，时任中国人民解放军军事科学院政委。

第二部分 ————

学界同仁的美好

祝愿

　　钱学森一生不仅在应用力学、喷气推进和航空航天等领域研究精深，而且在社会科学、系统科学、思维科学、人体科学、地理科学、建筑科学以及马克思主义哲学等方面，提出了一系列创新性的观点和思想。本部分收录的54组贺卡由钱学森个人收藏和胡孚琛、陶文台、魏宏森慷慨捐赠构成，这些来往贺卡见证了钱学森与学界同仁的思想碰撞与学术争鸣。

　　20世纪三四十年代，钱学森在加州理工学院读博期间就已通过周末的学术沙龙同中国留学生一道开展跨专业交流，拓宽学术视野。他晚年回忆："当时在航空系的有林家翘先生，有钱伟长同志，还有郭永怀同志和我。在地球物理系的有傅承义同志。"回国后，他虽忙于"两弹一星"事业，但工作之余，仍坚持思考学术问题。尤其是20世纪七八十年代，钱学森离开国防科研一线的领导岗位后，退而不休、工作重心重新回归学术研究，通过学术会议、书信等形式和学者切磋学问，或讨论问题，或答疑解惑，当然也在重要节日互赠贺卡。此间，他始终坚持"平等探讨，不分长幼"的原则，由此54组贺卡来源广泛，包含了各行各业、不同年龄的学术友人。

　　在系统科学方面，钱学森与汪成为、于景元、戴汝为、涂元季、钱学敏、车宏安等人交往密切。其中，汪成为、于景元、戴汝为、涂元季、钱学敏等是钱学森主持的"系统学讨论班"成员，人们广为熟知。他们长期跟随钱学森从事系统科学研究，在控制论、系统工程、系统科学的理论及其应用等领域进行过大量研究工作，成绩斐然。钱学森与车宏安的交往则始于20世纪70年代末。1978年初上海机械学院（今上海理工大学）筹划组建系统工程专业，一年后在钱学森的关心和指导下，系统工程系和系统工程研究所成功创建。据钱学森回忆，1979年冬他到上海出差，因记得

"机械学院成立了一个系统工程系，系主任是车宏安同志，所以早上就打电话找他"，并且"才联系到，我就马上来了"。随后钱学森于成立大会上提出了"理工结合"的教育理念，并肯定了学院的实干之举。他提出：一切事物只要方向是对的，是社会的需要，"那你就放开胆子干"，"只有勇于实践，才能够更好更快地来完成我们的任务"。此后，车宏安教授长期从事系统科学和系统工程的教育与科研工作，获得"第六届系统科学与系统工程终身成就奖"。

在沙草产业等方面，钱学森与刘恕、田裕钊、夏日、郝诚之等人有着密切的贺卡往来。钱学森与刘恕、田裕钊夫妇保持十几年的书信往来，讨论内容涉及地理科学、第六次产业革命理论、沙产业等学术问题；并于1995年委托秘书王寿云、涂元季将"何梁何利基金"优秀奖奖金全部交给促进沙产业基金会管委会主任刘恕，作为发展基金。内蒙古沙产业草产业协会夏日、郝诚之等人亦曾多次通过贺卡向钱学森送去祝福，并报告喜讯："您二十一年前的创新理论，已变成了内蒙古的科学决策。'大力发展沙产业、草产业、林产业'，已正式写进了自治区的'十一五'规划。""感谢您对沙区、草原各族人民的关怀。我们为有您而自豪"。此外，钱学森还和中国系统工程学会草业系统专业委员会两任主任委员：甘肃省草原生态研究所第一任所长、中国工程院院士任继周和中国当代草业创建人、草业学科带头人之一李毓堂探讨草原草业问题。

在医学方面，钱学森与中国工程院院士王士雯，中国医学科学院华杏娥，南京市江浦县（今浦口区）中医院邹伟俊有过贺卡交流。钱学森晚年在中国人民解放军医院得到过王士雯主任的治疗与照顾。此后，钱学森与王士雯在1990年至1997年间有多达13通书信，他于信中或反馈治疗效果，或分享老年学研究，或针对王士雯的医学著作交流心得。而钱学森与华杏娥的熟识则是源于 1988 年夏。彼时，担任中国科协主席的钱学森率数位科学家赴黑龙江疗养，华杏娥是同行中国科协副主席、著名的泌尿外科专家吴阶平同志的秘书，并担任随团保健医生。此后，钱学森数次与华杏娥探讨 21 世纪医疗保健事业并互赠贺卡。钱学森关心邹伟俊医生的发展，认为他是"有希望的中青年"，并为之与医学专家黄建平"牵线搭桥"："我对中医毕竟是个外行"，"介绍您做邹的老师，您能收他当学生吗?"

不仅如此，钱学森还关心、指导年轻学者胡孚琛、刘为民等人的学术发展。钱学森与胡孚琛的学术通信从 1982 年至 1998 年近 16 年，讨论内容包括道学、道家文化、中国传统文化、马克思主义哲学等。尤其胡孚琛攻读博士学位之际，钱学森多次鼓励他："干事情贵在集中，您现在要集中当好研究生，论文一定要好好写"。与此同时，钱学森还建议他"作学问一定要有马克思主义哲学的指导"。1998 年 12 月 31 日，在胡孚琛博士毕业 10 年之际，钱学森特寄去贺卡向他拜年。2016 年 7 月 9 日，胡孚琛向上海交通大学钱学森图书馆无偿捐赠了钱学森写给他的新年贺卡及书信原件。

钱学森与刘为民的交往则是始于 1995 年。1995 年 11 月 5 日，南京大学中文系 95 级博士后刘为民致函钱学森，对其《科学的艺术与艺术的科学》代前言提出文字上的建议。钱学森欣然回信："您是我接触到的第一位表示要研究科学的文艺的青年。"此后双方偶有书信，钱学森曾建议"既然您也认为科学与文化是互补的，只搞文艺不懂科学或只搞科学不懂文艺都不行，那您在南京大学，是否去听听理科的课? 那是应该的嘛! 请酌。"

正如钱老所述"科学需要艺术，艺术也需要科学"。值得一提的是，钱学森十分肯定刘为民的努力，多次将其书信及相关资料寄给"系统学讨论班"的钱学敏，并表示"我们要培养他，您愿意与他通信是件好事"。

不难发现，钱学森重视人才队伍建设、甘为人梯，不仅亲自培养和指导年轻一代，而且带动身边学者致力于人才培养工作。实际上，钱学森早在担任中国科学技术大学力学和力学工程系主任期间，就曾鼓励中国科学院的高级研究人员为学生授课。他认为尽管研究人员工作繁忙，挤出时间讲课实属不易，但是他们"在学术方面都是有成就的，知识面也广"，"对学科都有比较成熟和特有的看法"；如若学生能和他们经常接触"会得到深刻的启发"。正如钱学森所思："为祖国迅速地培养一批尖端科学的青年干部，这是一项光荣的任务，再多白一些头发又算什么？"

与此同时，本部分收录的贺卡还有来自被誉为"缔建生物指示学"的著名植物学家和生态学家王勋陵，1955年9月与钱学森一家同船归国的许国志、蒋丽金夫妇，作为中国科学院代表，赴深圳罗湖口岸迎接钱学森一家回国，并协助钱学森筹建中国科学院力学研究所的朱兆祥。此外，其中还有一张来自96岁高龄的人民音乐家、著名作曲家、音乐教育家和音乐理论家贺绿汀先生赠送的贺卡。令人遗憾的是，不久后贺绿汀逝世，钱学森专程送上花圈，以表哀悼。

综上所述，本部分收录的54组贺卡记录了钱学森几十年间学术关系网的不断丰富与扩大，其涉猎学科之广博、交往之广泛，实属罕见。读者可通过一张张精美贺卡管窥钱学森与学术友人的思想碰撞与学术争鸣，亦能深切体会到他的学术民主与甘为人梯、提携后学的科学家精神。

▷ 于景元致钱学森的 生日贺卡

2006 年、2007 年、2008 年
纸质 三张
① 纵 28.8 厘米 横 21.6 厘米
② 纵 28.8 厘米 横 21.6 厘米
③ 纵 20 厘米 横 43.5 厘米

敬爱的钱老：

在您九十五华诞之际，我们非常高兴地向您致以最诚挚的祝贺！祝您精神愉快，生活幸福，健康长寿！

经过大家两年多的努力，《钱学森系统科学思想文库》终于出版了，我们谨以此书献给您——我国系统工程和系统科学事业的开拓者和奠基者。

此致

敬礼！

您的学生 于景元
2006 年 12 月 10 日

①

◎ 于景元

中国系统科学家、数学家，中国航天科技集团公司原 710 研究所科技委主任、研究员，钱学森主持的"系统学讨论班"成员之一；1990 年与钱学森、戴汝为在《自然杂志》共同发表论文《一个科学新领域——开放的复杂巨系统及其方法论》。

〔释文①〕

敬爱的钱老：

在您九十五华诞之际，我们非常高兴地向您致以最诚挚的祝贺！祝您精神愉快，生活幸福，健康长寿！

经过大家两年多的努力，《钱学森系统科学思想文库》终于出版了，我们谨以此书献给您——我国系统工程和系统科学事业的开拓者和奠基者。

此致
敬礼！

您的学生 于景元
2006 年 12 月 10 日

钱老：

我们全家向您致以
生日的祝贺.祝您精
神愉快.生活幸福,健
康长寿！

于景元

2007.12.10.

Best Wishes for you

一份温馨的祝福：
幸福快乐常伴！

②

〔释文②〕

钱老：

我们全家向您致以生日的
祝贺,祝您精神愉快,生活幸福,
健康长寿！

于景元

2007.12.10

尊敬的钱老：
　　在您九十七岁
生日之际，我的
全家向您致
以衷心祝贺，
祝您健康长
寿！

于景元
2008年12月11日

③

〔释文③〕

尊敬的钱老：

在您九十七岁生日之际，
我的全家向您致以衷心祝贺，
祝您健康长寿！

于景元
2008 年 12 月 11 日

①

◁ 王士雯致钱学森的
生日贺卡

2007 年、2008 年
纸质　两张
① 纵 28.8 厘米　横 21.3 厘米
② 纵 20.5 厘米　横 28 厘米

〔释文①〕

恭祝：

　　钱学森、蒋英老师：

　　　　生日快乐！

　　　　圣诞快乐！

　　　　身体健康！

　　　　　　　　学生　王士雯

　　　　　　于美国圣地亚哥

　　　　　　2007-12-11

王士雯

中国工程院院士，老年心脏病学和老年急救医学专家，解放军总医院原老年心血管病研究所所长，钱学森曾与其通过书信探讨老年病问题。

祝贺

　　学森老师
　　蒋英 大姐
　　生 日 快乐,（您曾说科学水艺术的结合注生合[什]）

　　　　　　　学生 王士雯敬贺
　　　　　　　二〇〇八年12月11日

最近工程院组织了一次兰亭诗画会,在浙江省绍兴市,我的古文不好,我以苏联马雅柯夫斯基名诗人的诗型也作了一首诗在会上朗读了"越医经典"从浙江带来,请阅.（诗名为：零八年教师节述怀）
　　　　　　　士雯又即

②

Hope you *enjoy* your day.

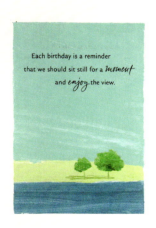

Each birthday is a reminder
that we should sit still for a *moment*
and *enjoy* the view.

Hallmark

www.hallmark.com

¥ 36

U.S.A. 2.69
Canada 3.47
HAB 822.2

〔释文②〕

祝贺

　　学森老师
　　蒋英大姐
　　生日快乐！（您曾说科学
与艺术的结合产生创新！）

　　　　学生　王士雯敬贺
　　　　二〇〇八年 12 月 11 日

　　最近工程院组织了一次兰
亭诗画会，在浙江省绍兴市，
我的古文不好，我以苏联马雅
柯夫斯基名诗人的诗型也作了
一首诗（诗名为：零八年教师
节述怀）在会上朗读了。"越医
经典"从浙江带来，请阅。

　　　　　　　　士雯又即

钱老：

Greetings of the
Season and Best
Wishes for the New Year
恭祝新年快樂

晚生　王勋陵敬贺
1995.12

①

新年快樂
HAPPY NEW YEAR

◎王勋陵

　　时任兰州大学生物系主任，著名植物学家和生态学家，被誉为"缔建生物指示学的人"，钱学森曾通过书信与王勋陵探讨关于生物指示学相关问题。

△王勋陵致钱学森的
　新年贺卡

1995 年、1996 年
纸质　两张
① 纵 20 厘米　横 28 厘米
② 纵 19.2 厘米　横 26.2 厘米

〔释文①〕
钱老：
　　恭祝新年愉乐！

　　　　晚生　王勋陵敬贺
　　　　　　　　1995.12

〔释文②〕

尊敬的钱老：

深挚问候

晚辈 王勋陵敬贺

1996.12.15

②

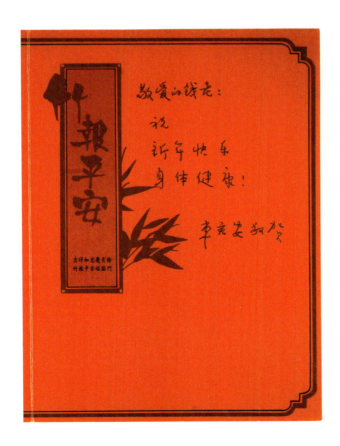

◁ **车宏安致钱学森的新年贺卡**

待考
纸质　一张
纵 17.7 厘米　横 25.4 厘米

〔释文〕

敬爱的钱老：

祝

新年快乐

身体健康！

车宏安敬贺

◎**车宏安**

　　曾任上海机械学院（今上海理工大学）系统科学与系统工程学院院长。长期从事系统科学和系统工程的教育与科研工作，是我国系统科学与系统工程学科发展最早的推动者与践行者之一。

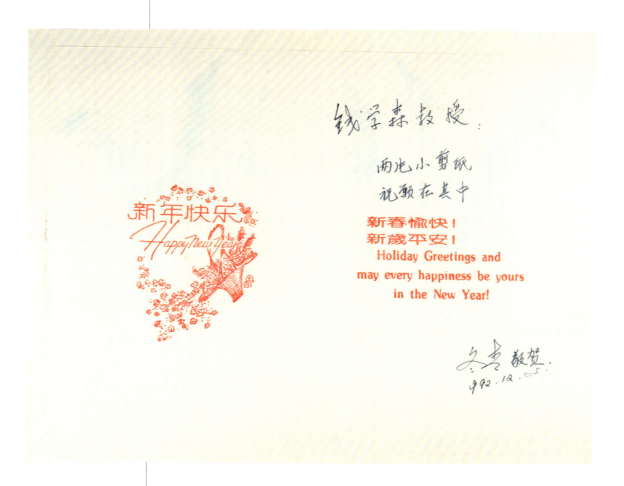

▷ **冬青致钱学森的
　新年贺卡**

1992 年
纸质　一张
纵 13 厘米　横 20.4 厘米

◎冬青

　　时为中国社会科学院工业经
济研究所副研究员，中国社会科
学院老专家咨询中心理事。

〔释文〕

钱学森教授：

　　两片小剪纸

　　祝愿在其中

　　　　　　冬青敬贺
　　　　　　1992.12.25

▷ **朱开轩致钱学森的 新年贺卡**

1995 年
纸质　一张
纵 21 厘米　横 28.7 厘米

〔释文〕
钱学森同志：
　　恭贺新禧
　　　　　　　朱开轩
　　　　　　一九九五年十二月

◎ **朱开轩**

　　时任国家教育委员会主任、党组书记，兼任国家教育行政学院院长，国务院学位委员会常务副主任。

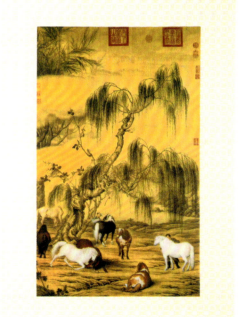

恭贺新禧

Happy New Year

敬爱的钱学森教授和夫人：

祝

新年愉快

身体健康：

朱长乐 于杭州

1995. 12. 18.

恭贺新禧　*Happy New Year*

◁ **朱长乐致钱学森和
蒋英的新年贺卡**

1995 年
纸质　一张
纵 21.5 厘米　横 19 厘米

〔释文〕

敬爱的钱学森主席和夫人：

祝

新年愉快

身体健康

朱长乐 于杭州

1995.12.18

◎朱长乐

　　浙江省科协原党组书记、
副主席。

▷ **朱兆祥、邓爽致钱学森和蒋英的贺卡**

1991 年
纸质 一张
纵 18.4 厘米 横 25.6 厘米

〔释文〕

钱学森 蒋英 先生：

　　请接受我们诚挚的祝贺

　　　　朱兆祥 邓爽 鞠躬
　　　一九九一年十二月十一日

○ **朱兆祥、邓爽**

　　朱兆祥，中国科学院力学研究所研究员，力学家、教育家和科技事业活动家，宁波大学首任校长，1955 年作为中国科学院代表，赴深圳罗湖口岸迎接钱学森一家回国，后协助钱学森筹建中国科学院力学研究所。

　　邓爽，朱兆祥的夫人。

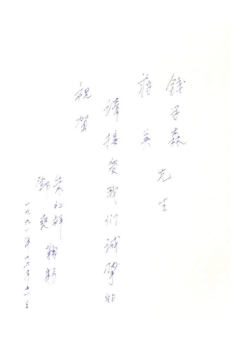

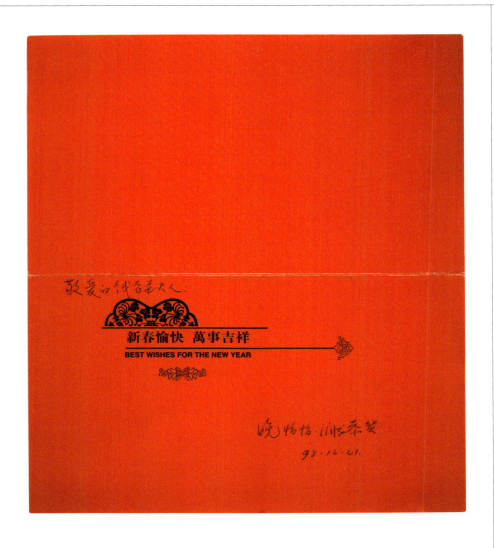

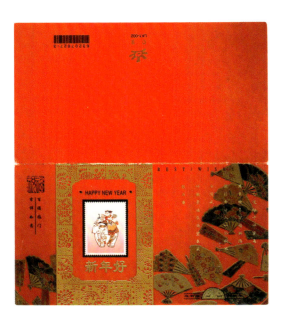

〔释文〕

敬爱的钱老并夫人：

新春愉快，万事吉祥。

晚　怡怡、润龙　恭贺

98.12.21

< 朱怡怡、朱润龙致钱学森和蒋英的新年贺卡

1998 年
纸质　一张
纵 24 厘米　横 20.9 厘米

◎朱怡怡、朱润龙

原《中国人体科学》杂志编辑部副主编、主编。

△ 朱鹤孙致钱学森的
新年贺卡

1995 年、1998 年
纸质　两张
① 纵 24 厘米　横 17.2 厘米
② 纵 19 厘米　横 26 厘米

◎ 朱鹤孙

　　著名化工和材料学专家、
教育家，北京理工大学原校长。

①

〔释文①〕

钱学森教授：

　　恭祝圣诞　并贺新禧

　　　　朱鹤孙　敬贺

　　　　1995.12

〔释文②〕

钱老师：

恭贺新禧

新韶如意　喜报春风

百福骈臻　千祥云集

朱鹤孙　敬贺

98.12

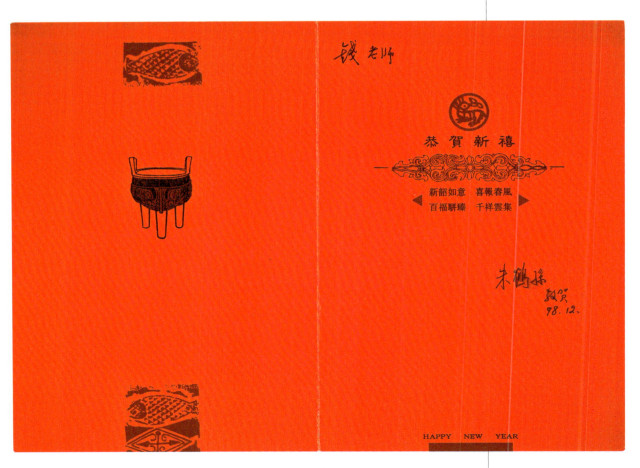

▷ **任继周致钱学森的新年贺卡**

待考
纸质　两张
① 纵 34.8 厘米　横 19.5 厘米
② 纵 28.8 厘米　横 21.6 厘米

〔释文①〕

钱老尊鉴：

　　多年未见，时常想念您。在您的教导关怀下，草业有所发展，但政府管理部门仍未能加强到位，有待我们继续努力。
　　敬颂
　　新春阖府吉祥
　　健康长寿

　　　　　　　后学　任继周

◎ **任继周**

　　中国工程院院士，草地农业科学家，主要从事草业科学教学与研究，1981 年创办甘肃省草原生态研究所并担任第一任所长，中国系统工程学会草业系统工程专业委员会首届主任委员。

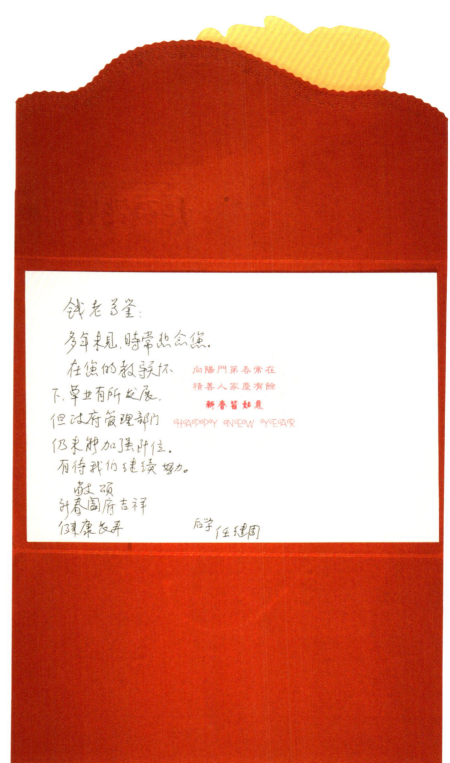

①

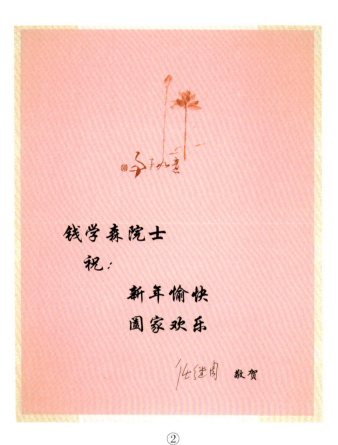

〔释文②〕

钱学森院士
　　祝：
　　　　新年愉快
　　　　阖家欢乐

　　　　　　任继周　敬贺

▷ 华杏娥、秦焕民致钱学森和蒋英的新年贺卡

1998 年、2004 年、2006 年
纸质　三张
① 纵 28 厘米　横 21.5 厘米
② 纵 23 厘米　横 21 厘米
③ 纵 21.3 厘米　横 29 厘米

〔释文①〕

钱老、大姐：

　　感谢二老的新年贺卡，我们十分珍惜。真诚祝愿

　　健康长寿！

　　全家欢乐！

　　　　　　　杏娥　焕民　敬贺
　　　　　　　　　98.12.23

○华杏娥、秦焕民

　　华杏娥，著名泌尿外科专家，吴阶平的秘书。

　　秦焕民，曾任国家粮食部粮食干部学校副校长，北京商业干部管理学院副院长，华杏娥的丈夫。

①

②

〔释文②〕

恭贺新禧

敬爱的钱老、蒋大姐：

恭祝

健康百岁！

新年快乐！

阖家幸福！

杏娥 焕民 全家贺

2004. 12. 19

〔释文③〕

钱老、大姐：

　　敬祝二老

　　寿比南山！

　　福如东海！

　　　　杏娥　焕民　贺

　　　　2006. 12. 25

③

◁ **刘为民致钱学森和蒋英的新年贺卡**

1995 年
纸质 一张
纵 26.1 厘米 横 19 厘米

〔释文〕

敬祝钱老与夫人：

圣诞快乐

新春快乐

刘为民 拜

95. 12

◎**刘为民**

时为南京大学中文系 95 级博士后。

▽ **刘恕暨沙产业基金全体致钱学森的生日贺卡**

1998 年
纸质　一张
纵 19.8 厘米　横 43.1 厘米

〔释文〕

敬祝
　　尊敬的钱老
　　　生日快乐，身体健康！

刘恕暨沙产业基金全体　敬贺
　　　　　　1998 年 12 月

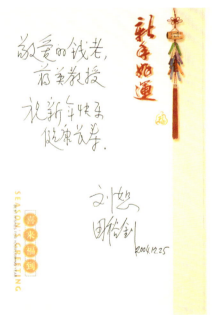

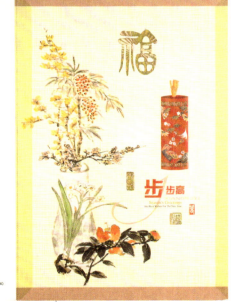

○刘恕、田裕钊

刘恕，甘肃省原副省长、中国科协原副主席。

田裕钊，中国科学院原国家计委自然资源综合考察委员会副主任，刘恕的丈夫。

〔释文〕

敬爱的钱老 蒋英教授：

　　祝新年快乐

　　健康长寿。

刘恕 田裕钊

2004.12.25

△ 刘恕、田裕钊致钱学森和蒋英的新年贺卡

2004 年

纸质 一张

纵 22.4 厘米 横 44.6 厘米

▷ 许国志、蒋丽金致
  钱学森和蒋英的新年
  贺卡

待考
纸质 一张
纵 16.8 厘米 横 23.7 厘米

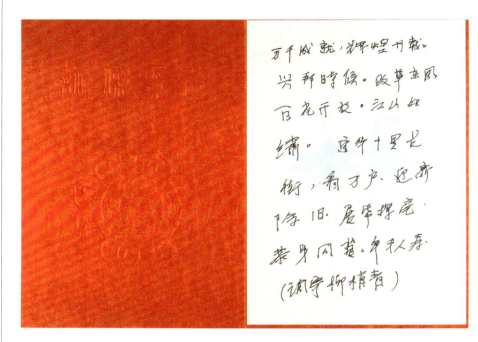

◎ 许国志、蒋丽金

　　许国志，中国工程院院士，系统工程、运筹学专家，中国系统工程的主要创建人之一，1955 年 9 月和钱学森、蒋英夫妇同船回国，1978 年与钱学森、王寿云在《文汇报》上共同发表论文"组织管理的技术——系统工程"。

　　蒋丽金，中国科学院院士，有机化学家，许国志的夫人。

〔释文〕

　　万千成就，辉煌卅载，兴邦时候。改革东风，百花开放，江山如绣。京华十里长街。看万户，迎新除旧。展纸挥毫，恭身同贺，年丰人寿。

　　（调寄柳梢青）

钱先生 蒋先生

　　恭贺新禧

许国志、蒋丽金 仝贺

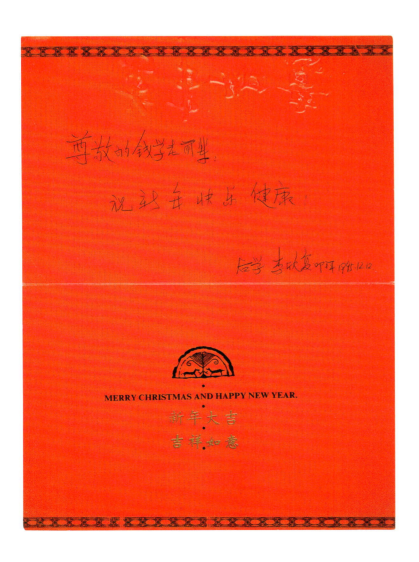

◁ **李欣复致钱学森的新年贺卡**

1995 年
纸质 一张
纵 25.5 厘米 横 18.5 厘米

〔释文〕
尊敬的钱学森前辈：
　　祝新年快乐健康！

　　　　　　　后学 李欣复 叩拜
　　　　　　　　　1995.12.12

◎ 李欣复

　　任职于山东省曲阜师范大学教科所。

李毓堂致钱学森的
新年贺卡

1994 年
纸质　一张
纵 26.4 厘米　横 38 厘米

〔释文〕

恭贺新禧

中国草业协会
李毓堂　敬贺
94.12.27

◎李毓堂

中国系统工程学会草业系统
工程专业委员会原主任委员。

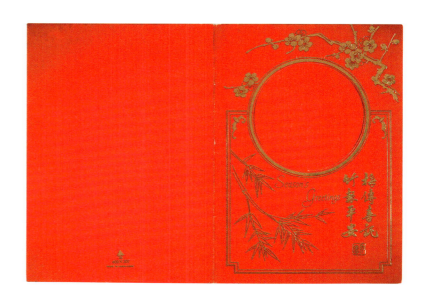

新禧　恭贺

With best wishes for the new year

敬爱的钱老，

祝您元旦、春节愉快，健康长寿，

合家欢乐！

您的后辈和学生

李德华

一九九五年十二月二十六日

△ **李德华致钱学森的新年贺卡**

1995 年
纸质　一张
纵 19 厘米　横 26.5 厘米

〔释文〕

敬爱的钱老：

　　祝您元旦、春节愉快，健康长寿，合（阖）家欢乐！

　　　　　您的后辈和学生
　　　　　　　　李德华
一九九五年十二月二十六日

◎李德华

　　时为华中理工大学图像识别与人工智能研究所教授。

▷ 杨利民致钱学森的新年贺卡

2005 年
纸质　一张
纵 21.6 厘米　横 28.7 厘米

〔释文〕

尊敬的钱老：

祝您新年快乐，身体健康。

内蒙古各族人民深情地感谢你的沙产业草产业理论，感谢你的关怀！

内蒙古沙产业草产业协会
名誉会长　杨利民
二○○五年十二月廿一日

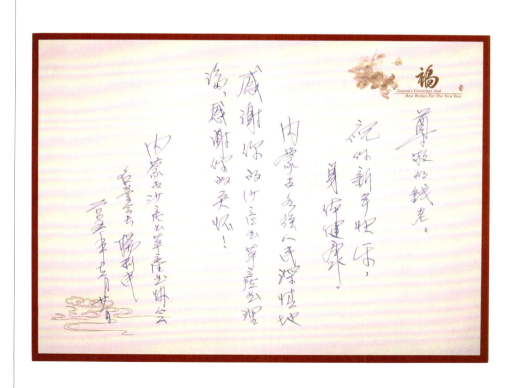

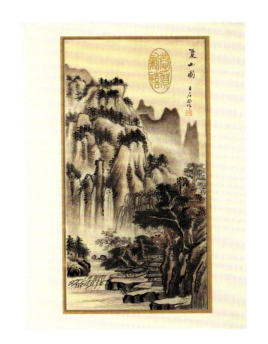

◁ 杨春鼎致钱学森的新年贺卡

1995 年
纸质　一张
纵 18.5 厘米　横 26 厘米

〔释文〕

敬爱的钱老师：

　　祝新年全家快乐！

　　身体健康！

　　　　　　　学生　杨春鼎　敬贺
　　　　　　　1996 年元旦前

◎杨春鼎

　　时为淮南师范专科学校中文系教授。

▷ **吴世宦致钱学森的新年贺卡**

1987 年
纸质 一张
纵 18.8 厘米 横 25 厘米

〔释文〕
尊敬的钱老：
　　恭贺新禧

　　　　　　吴世宦
　　　　　　1987.12.13
　　　　　　于广州中山大学

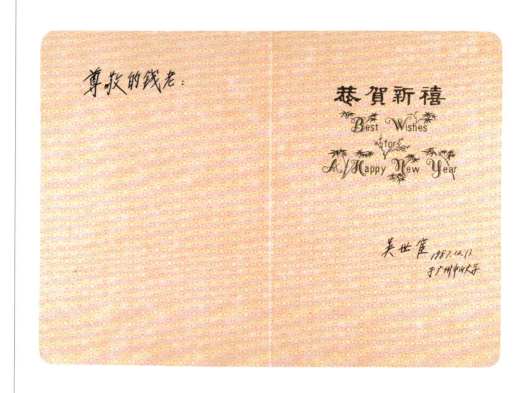

◎ 吴世宦
　中山大学法律系教授。

竹報平安

钱老：

敬祝聖誕 恭賀新禧

*Merry Christmas
and a
Happy New Year*

吴传钧
瞿宁淑 拜年
乙亥冬月

INSTITUTE OF GEOGRAPHY, CAS
中国科学院地理研究所

◁ **吴传钧、瞿宁淑致
钱学森的新年贺卡**

1995 年
纸质 一张
纵 19 厘米 横 26.5 厘米

〔释文〕
钱老：

敬祝圣诞 恭贺新禧

吴传钧 瞿宁淑 拜年
乙亥冬月

◎**吴传钧、瞿宁淑**

　　吴传钧，中国科学院院士，
人文地理与经济地理学家。
　　瞿宁淑，曾任中国地理学
会秘书长，吴传钧的夫人。

▷ **吴传钧、瞿宁淑致钱学森和蒋英的新年贺卡**

1998 年
纸质　一张
纵 21.5 厘米　横 28 厘米

〔释文〕

钱学森 蒋英 先生：
　　恭贺新禧

　　　　吴传钧 瞿宁淑 敬贺
　　　　　　九八岁末

Season's Greetings

〔释文〕

恭贺钱老：

身体健康

长寿！

吴明华

95. 12. 22

◁ **吴明华致钱学森的**
新年贺卡

1995 年
纸质 一张
纵 19 厘米 横 26.5 厘米

◎ 吴明华

时任浙江教育出版社编辑。

恭贺钱老：

身体 健康

长寿！

吴明华

95.12.22

SEASON'S GREETINGS
AND BEST WISHES
FOR A HAPPY NEW YEAR

恭祝聖誕 並賀新禧！

浙江教育出版社恭賀

钱学森先生：

　　祝福您

　身体健康！

　　事如意！

　　　　　　吴翼 贺

　　　　　　62. 十二

一样的暮去秋来
不一样的每一季的心情
这一季属烈的多风
有令人期待的多阳
而最渴望的仍是你的祝福

△ 吴翼致钱学森的
　新年贺卡

1995 年

纸质　一张

纵 20.5 厘米　横 28.8 厘米

〔释文〕

钱学森先生：

　　祝福您

　　身体健康！

　　万事如意！

　　　　　　　　吴翼　贺

　　　　　　　　九五 . 十二

新年快乐

◎ 吴翼

　　合肥市原副市长、园林专家，多次通过书信与钱学森讨论"山水城市"相关问题。

邹伟俊致钱学森的新年贺卡

1995 年
纸质　一张
纵 18.9 厘米　横 26.3 厘米

〔释文〕

恭祝

新年愉快

健康长寿

晚　邹伟俊

一九九五年十二月廿一日

淡淡地一挽住舒爽的記憶深深地道一句我想念你！一份真摯的祝福，一份温馨的友誼願它為你帶來平安！

金太阳

滿懷祝福

縱然看不見你倜儻的身影
也聽不見你温柔的聲音
且藉此小卡重架你我生命中
友誼的橋點燃你心中美麗的雲彩

恭祝
新年愉快
健康長寿
晚 邹偉俊
一九九五年十二月廿日

▷邹伟俊

　　南京市江浦县（今浦口区）中医院医生。

▷ **汪成为、于景元、戴汝为、孙凯飞、钱学敏致钱学森的生日贺卡**

1991 年
纸质 一张
纵 18.5 厘米 横 25.5 厘米

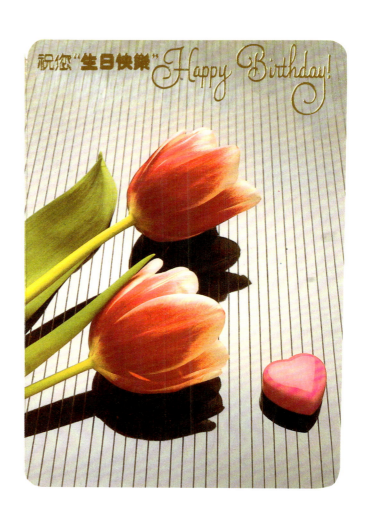

○ **汪成为**

　　中国工程院院士，信息领域专家，主要从事电子计算机及人工智能研究，时任国防科工委系统工程研究所所长。

○ **戴汝为**

　　中国科学院院士，控制论与人工智能专家，主要从事模式识别、人工智能、复杂系统理论和方法研究。

○ **孙凯飞**

　　任职于中国社会科学院马克思列宁主义毛泽东思想研究所。

[手写体信件部分]

〔释文〕

尊敬的钱老:

在您八十寿辰的喜庆日子里,我们系统学讨论班全体同志,衷心祝愿您健康长寿,万事如意!

近六年来,系统论学习班在您的亲自主持和带领下,学术活动严谨、活跃。您关于系统学的基本思想、关于开放的复杂巨系统以及从定性到定量的综合集成法,特别是您以马克思主义哲学为指导,提出现代科学技术体系的构想,等等,把我们引入了崭新的科学领域。

我们将不辜负您的培养与期望,坚持把系统学讨论班办好,为祖国人民做出更多的贡献,请钱老放心。

汪成为 于景元 戴汝为 孙凯飞 钱学敏

1991.12.10

▷ **张玉台致钱学森和**
蒋英的新年贺卡

1998 年
纸质 一张
纵 22.5 厘米 横 17 厘米

〔释文〕

钱老并蒋英老师：

恭贺新年

张玉台
98.12

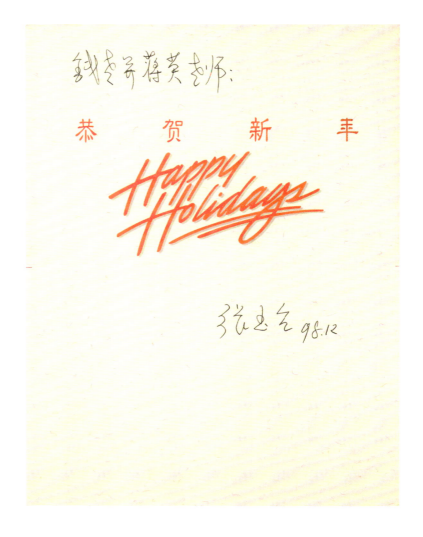

◎张玉台

时任中国科学技术协会党组
书记、副主席、书记处第一书记。

尊敬的钱学森老师
尊敬的蒋 英老师

老师每一句说话都是
金石良言，我们会刻骨
铭心，不忘老师的教诲。

祝老师健康快乐

Wishing You
Best of Luck Forever

张帆
一九九一年拾十日

春风
化雨
謝師
永恒的感激
因您的教诲，使我拥有生命旅程
谢谢您 老师！！

〔释文〕
尊敬的钱学森老师
尊敬的蒋英老师

老师每一句说话都是金石
良言，我们会刻骨铭心，不忘
老师的教诲。

祝老师健康快乐。

张帆

一九九一年十二月十日

△ 张帆致钱学森和蒋英
的贺卡

1991 年
纸质 一张
纵 19.8 厘米 横 24 厘米

○ 张帆

时为中央音乐学院副研究员。

▷ **陈信致钱学森的生日贺卡**

1998 年
纸质　一张
纵 19 厘米　横 21 厘米

〔释文〕

钱老

　　衷心祝贺

　　健康长寿

　　　　　　学生　陈信
　　一九九八年十二月十一日

◎陈信

　　原国防科工委航天医学工程研究所所长、原中国人体科学学会理事长。

△ **陈信、向明礼致钱学
森的生日贺卡**

2005 年
纸质　一张
纵 21.6 厘米　横 30 厘米

〔释文〕

祝贺：

　　钱老生日快乐！

　　健康长寿！

　　蒋英夫人及全家幸福

　　　　学生　陈信 向明礼
　　　　二〇〇五年十二月十日

▷ **陈涛秋致钱学森的生日贺电**

1991 年、1995 年

纸质 两张

① 纵 31 厘米 横 21.5 厘米

② 纵 31 厘米 横 21.5 厘米

①

〔释文①〕

国防科工委钱学森

在您获国家殊荣和 80 寿辰时，遥致崇高的敬礼并祝您健康长寿，率领我们创建人体科学迎接 21 世纪中华新崛起。

陈涛秋 贺

◎陈涛秋

从事人体科学研究，著有《人体潜能史例选》。

②

〔释文②〕

国防科工委钱学森同志

　　全家遥祝您 84 岁生日快乐、健康长寿。拙著月前签新约由交大二朱 96 夏出，当呈请指正。

陈涛秋

▷ 周肇基、韦璧瑜致
钱学森和蒋英的新年
贺卡

1995 年
纸质　一张
纵 19 厘米　横 26.1 厘米

〔释文〕

敬爱的钱、蒋二老：

惠书频频七年整，

殷殷教诲情谊深。

聆听欢谈感肺腑，

振奋精神育新人。

敬颂

健康长寿

阖家幸福

韦璧瑜、周肇基敬贺

1995.12.12

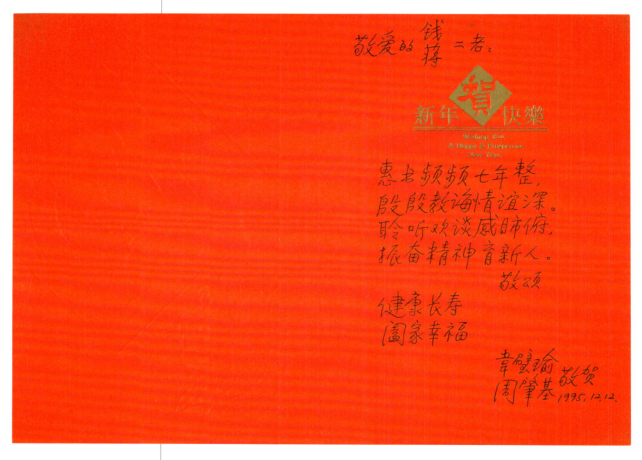

◁ **周肇基、韦璧瑜致钱学森的生日贺卡**

1998 年
纸质　一张
纵 18.5 厘米　横 23.8 厘米

〔释文〕

敬爱的钱老、蒋老：
　　生日快乐，健康长寿。

　　　　　　周肇基、韦璧瑜　敬贺
　　　　　　　　　　1998.12.10

◎周肇基、韦璧瑜

　　周肇基，华南农业大学农史研究室教授。
　　韦璧瑜，中国科学院华南植物研究所研究员，周肇基的夫人。

▽ 孟乃昌致钱学森的 新年贺卡

1987 年、1989 年

纸质　两张

① 纵 17.4 厘米　横 25 厘米

② 纵 18.5 厘米　横 26.3 厘米

◎孟乃昌

　时为太原工业大学应用化学系教授。

〔释文①〕

钱老：

　　恭贺新禧

　　　　后学　孟乃昌　鞠躬

　　　　　　　1987.12.22

①

〔释文②〕

钱老：

　　恭贺新春
　　吉祥如意

　　　　　　晚生　孟乃昌鞠躬
　　　　　　　　　1989.12.20

钱老：

　　恭贺新春
　　吉祥如意

　　　晚生
　　　孟乃昌鞠躬
　　　1989.12.20.

在这宁静温馨的佳节里
愿您一切梦想成真
拥有更幸福与快乐的来年

Wishing you a
beautiful
Holiday Season

②

▽ **孟凯韬致钱学森的贺卡**

1986 年、1992 年、1995 年、2006 年
纸质　四张
① 纵 18.8 厘米　横 26.2 厘米
② 纵 22.8 厘米　横 25.2 厘米
③ 纵 30.7 厘米　横 21.3 厘米
④ 纵 21 厘米　横 29.5 厘米

◎ 孟凯韬

西北大学教授。

〔释文①〕

恭贺钱老新年快乐，
敬祝钱老健康长寿！

孟凯韬　敬贺

①

〔释文②〕

恭贺钱老八十一华诞，
敬祝钱老健康长寿！

孟凯韬 敬贺
1992.12

恭贺钱老八十一华诞；
敬祝钱老健康长寿！

孟凯韬敬贺
1992.12.

願色彩繽紛的鮮花
爲你開放
衷心地祝願你
花繁錦簇、吉祥如意

祝生日快樂

②

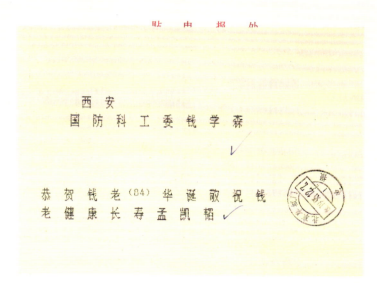

③

〔释文③〕

国防科工委钱学森

　　恭贺钱老 84 华诞，敬祝钱老健康长寿

　　　　　　　　　　　　　　　　　孟凯韬

〔释文④〕

恭贺钱老九十五华诞

敬祝钱老健康长寿

　　　孟凯韬　敬贺

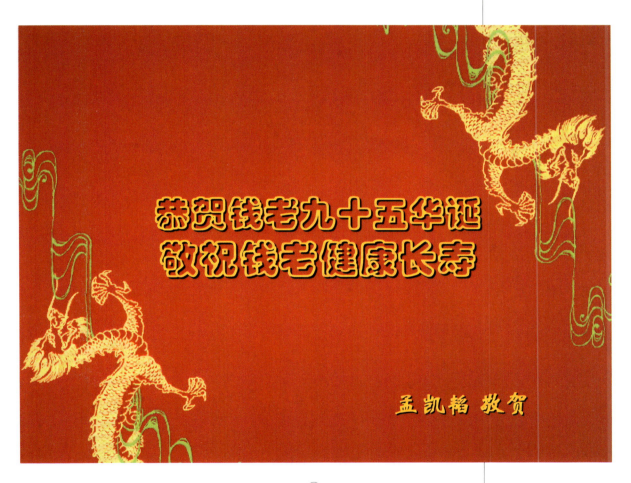

④

▷ **赵红州致钱学森的**
新年贺卡

1996 年
纸质　一张
纵 19.4 厘米　横 26.9 厘米

〔释文〕
贺
钱老新春大禧

学生　红州顿首
九六年　新春

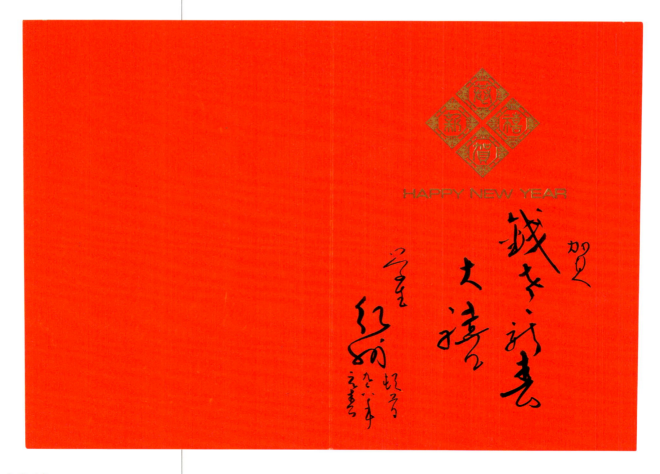

◎**赵红州**

　　曾任中国管理科学研究院
党委委员、副院长、学术委员
会副主任、科学学研究所所长。

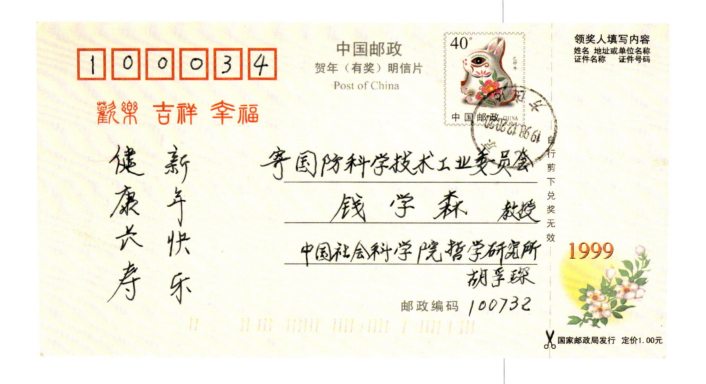

◁ **胡孚琛致钱学森的新年贺卡**

1998 年
纸质 一张
纵 10 厘米 横 18.5 厘米

〔释文〕

新年快乐
健康长寿

寄国防科学技术工业委员会
钱学森 教授
中国社会科学院哲学研究所
胡孚琛

▷ 附：钱学森致胡孚琛
的新年贺卡

1998 年
纸质　一张
纵 17.4 厘米　横 25 厘米
胡孚琛捐赠

〔释文〕

胡孚琛研究员：

　　我要向您拜年！祝在新的
一年里，您的研究工作出众多
的成果！

钱学森

1998 年 12 月 31 日

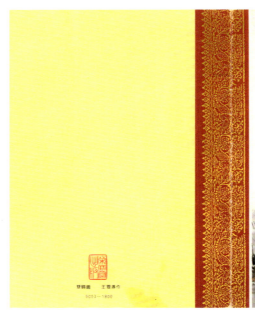

◁ 洪定国致钱学森的
新年贺卡

1995 年
纸质 一张
纵 19 厘米 横 38.9 厘米

〔释文〕

钱学森教授：

我向您拜年！

洪定国

1995 年 12 月

一份深深的祝福
代表一颗诚挚的心意
愿您的喜悦、您的愿望
都在轻轻启开卡片时得到全部的满足

钱学森教授：

我向您拜年！

洪定国 1995年12月

◎洪定国

时为湖南师范大学物理系教授。

▷ **贺绿汀致钱学森和
蒋英的新年贺卡**

待考
纸质　一张
纵 20.2 厘米　横 17.2 厘米

〔释文〕

钱学森先生 蒋英女士：

　　您（你）们好！

　　恭贺新禧

　　　　　　　贺绿汀

　　贺老已 96 岁高龄，身体仍
较好，请勿念！

◎ **贺绿汀**

　　上海音乐学院原院长，中
国杰出的音乐家、教育家。

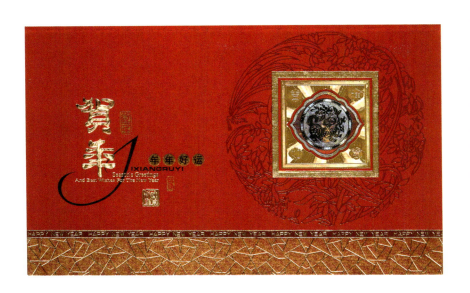

2005 年
纸质　一张
纵 25 厘米　横 21 厘米

〔释文〕

敬爱的钱老：

您二十一年前的创新理论，已变成了内蒙古的科学决策。"大力发展沙产业、草产业、林产业"，已正式写进了自治区的"十一五"规划，特向您报喜。感谢您对沙区、草原各族人民的关怀。我们为有您而自豪。

祝贺您和蒋英大姐健康长寿！

内蒙古沙产业草产业协会
夏日、郝诚之谨上
二〇〇五年十二月十一日

▷ **夏日、郝诚之、王明海致钱学森和蒋英的新年贺卡**

2004 年
纸质 一张
纵 28 厘米 横 21.5 厘米

〔释文〕

敬祝钱学老、蒋大姐：

福如东海

寿比南山

内蒙古 夏日 郝诚之 王明海

鞠躬（甲申岁尾）

我们为中国有您这样的战略科学家、西部贴心人而自豪

◎ **夏日、郝诚之、王明海**

钱学森沙产业、草产业思想践行者，其中夏日时任内蒙古沙产业、草产业协会会长。

HAPPY NEW YEAR

北京市　2007-0100(BK)-0003

顾孟潮致钱学森的新年贺卡

2006 年
纸质　一张
纵 10 厘米　横 18.2 厘米

〔释文〕

恭祝

钱学森先生

　健康长寿

　阖家幸福

顾孟潮 20/12

◎ 顾孟潮

　　中国建筑学会编辑工作委员会副主任，多次与钱学森通过书信探讨"山水城市"相关问题，著有《钱学森论建筑科学》等。

恭祝
钱学森先生
　健康长寿
　阖家幸福

顾孟潮 20/12

北京
阜成路 8号
钱永刚　先生

北京丰台区天伦北里小区
顾孟潮
邮政编码
100054

国家邮政局发行
Issued by the State Postal Bureau

6 938710 007412

2007年3月4日开奖。5—6日公布中奖号码。中国邮政揭及183网站(http://www.183.com.cn)上。

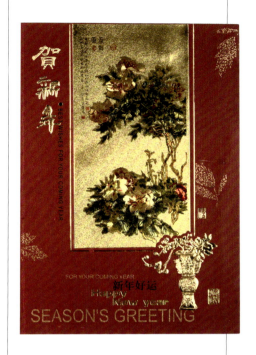

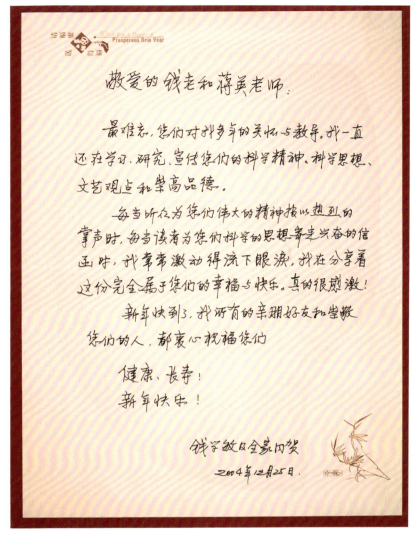

△ **钱学敏致钱学森和**
蒋英的新年贺卡

2004 年
纸质　一张
纵 28.9 厘米　横 21.5 厘米

◎钱学敏

　　钱学森堂妹、钱学森主持
的"系统学讨论班"成员之一。

〔释文〕

敬爱的钱老和蒋英老师：

　　最难忘，您（你）们对我多年的关怀与教导。我一直还在学习、研究、宣传您（你）们的科学精神、科学思想、文艺观点和崇高品德。

　　每当听众为您（你）们伟大的精神报以热烈的掌声时，每当读者为您（你）们科学的思想寄来兴奋的信函时，我常常激动得流下眼泪，我在分享着这份完全属于您（你）们的幸福与快乐。真的很感激！

　　新年快到了，我所有的亲朋好友和崇敬您（你）们的人，都衷心祝福您（你）们
健康，长寿！
新年快乐！

钱学敏及全家同贺
2004 年 12 月 25 日

钱学敏致钱学森的生日贺卡

2005 年、2006 年、2008 年
纸质　三张
① 纵 28 厘米　横 21 厘米
② 纵 23.3 厘米　横 43 厘米
③ 纵 28.5 厘米　横 21.5 厘米

〔释文①〕

恭贺

敬爱的钱老　九十四华诞

"神舟"飞行成功，普天同庆，昭示着您的航天思想正与日月相辉，您的崇高品德将与天地同在。

深深感谢十几年来您对我的教导与培养，使我有幸走近您智慧的灵光。我绝不辜负您的期望，您永远是我心中的太阳。

衷心祝愿您和蒋英老师健康、快乐、幸福、长寿！

钱学敏　敬贺

2005 年 12 月 8 日

①

〔释文②〕

恭祝

敬爱的钱老 95 华诞　健康快乐！

伟业垂青史　福寿海天长

赞钱老

箭穿飞云壮中华，伟业丰功盖世夸。

苍穹响彻航天曲，月球明日是吾家。

钱学敏及全家同贺　2006.12.11

②

恭　贺

敬爱的钱老九十七华诞

　衷心祝愿您

　　福如东海　寿比南山

　　健康快乐每一天！

钱学敏及全家同贺

2008.12.11.

赞中国航天之父
——钱学森

"神舟"烈烈冲云端，
志在兴邦壮河山。
方略明，敬自天，
千秋彪炳惠人间。

钱学敏 2008.12.11.

③

〔释文③〕

　　　　恭贺

敬爱的钱老九十七华诞

　衷心祝愿您

　　福如东海　寿比南山

　　健康快乐每一天！

　　　钱学敏及全家同贺

　　　2008.12.11

赞中国航天之父——钱学森

　"神舟"烈烈冲云端，

　　志在兴邦壮河山。

　　方略明，启自天。

　　千秋彪炳惠人间。

　　　　钱学敏

　　　　2008.12.11

▷ **高介华致钱学森的新年贺卡**

1995 年
纸质 一张
纵 28 厘米 横 19 厘米

〔释文〕

尊敬的学公老师：

手教奉意，已知种切，当体您老之意。值此新岁来临，我怀着深深的崇仰之情，敬祝您老人家健康愉快，诸事从心，阖家幸福。

学生 介华 敬拜

1995.12.20

○高介华

《华中建筑》杂志创刊主编，著名建筑师，多次通过书信与钱学森探讨"山水城市"相关问题。

Happy New Year

CENTRAL–SOUTH
ARCHITECTURAL DESIGN INSTITUTE

恭贺新禧

中南建築設計院敬賀

恭祝聖誕 並賀新年

Best wishes to you

for a

Merry Christmas

and a

Happy New Year

 顾问委员：

　　衷心感谢您对科学基金事业的关心、支持和帮助，谨祝您节日愉快，身体健康。

◎唐敖庆

　　中国科学院院士，物理化学家，曾任吉林大学校长、国家自然科学基金委员会主任，中国现代理论化学的开拓者和奠基人，被誉为"中国量子化学之父"。

△ 唐敖庆致钱学森的
　　新年贺卡

待考
纸质　一张
纵 17.2 厘米　横 25.3 厘米

〔释文〕

钱学森顾问委员：

　　衷心感谢您对科学基金事业的关心、支持和帮助，谨祝您节日愉快，身体健康。

唐敖庆

▷ **陶文台致钱学森的贺卡**

1989 年、1991 年、1995 年
纸质　三张
① 纵 17.8 厘米　横 25.1 厘米
② 纵 20 厘米　横 29.7 厘米
③ 纵 16.9 厘米　横 55 厘米

◎陶文台

扬州大学商学院教授。

〔释文①〕

尊敬的钱老

　祝您健康长寿！

　　　　　　陶文台
　　　　　　1989.12

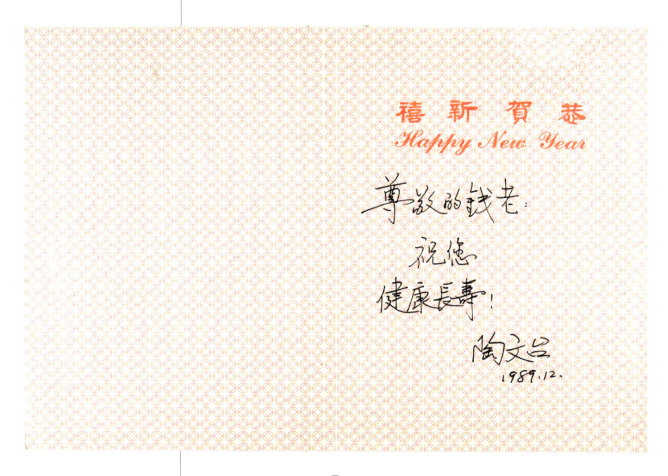

①

〔释文②〕

敬爱的钱老：

遥贺华诞！

敬祝松龄鹤寿！

陶文台

1991.11

敬爱的钱老：

遥贺华诞！
敬祝松龄鹤寿！

陶文台
1991.11.

願您喜悦幸福的歲
月長留温馨甜蜜的
時光永駐生日快樂

②

③

〔释文③〕

尊敬的钱老：

祝新年快乐！

全家幸福！

健康长寿！

陶文台

95.12

〔释文①〕

陶文台教授：

　　春天来临了
　　大地呈现新景象
　　新的一年，新的希望，
　　每一个人都应有自己的理想
　　沿着目标迈进新里程。
　　祝　心想事成，万事如意！
　　Best wishes to you!

　　　　　　　　　　钱学森
　　　　　　　　　　1990.12.12

◁ **附：钱学森致陶文台的新年贺卡**

1990 年、1994 年、1995 年
纸质　三张
① 纵 18.7 厘米　横 25.7 厘米
② 纵 18.5 厘米　横 25.9 厘米
③ 纵 24.1 厘米　横 17.2 厘米
陶文台捐赠

陶文台教授：

春天來臨了
大地呈現新景象
新的一年，新的希望，
每一個人都應有自己的理想
沿着目標邁進新里程。

祝　心想事成，萬事如意！

Best wishes to you!

钱学森
1990.12.12

①

〔释文②〕

陶文台教授：

　　新的一年即将来临，我首先向您拜年！并祝您康复安乐！

钱学森

1994 年 12 月 12 日

②

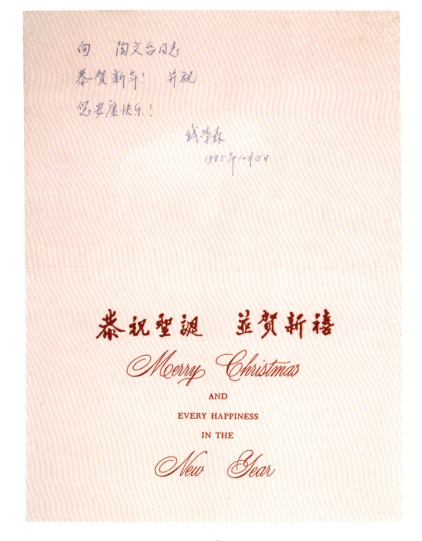

③

〔释文③〕

向　陶文台同志
恭贺新年！　并祝
您安康快乐！

钱学森
1995 年 12 月 15 日

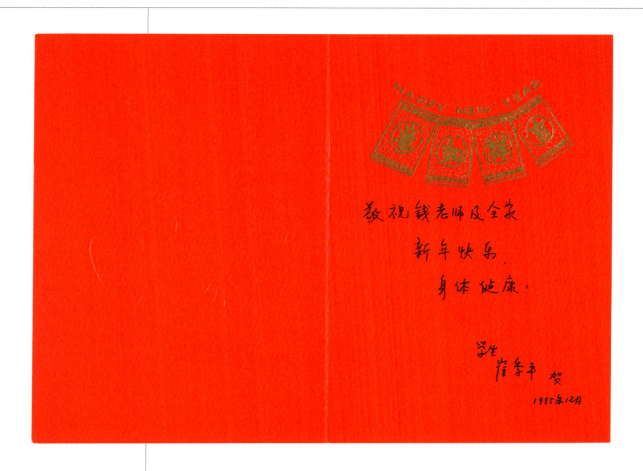

▷ **崔季平致钱学森的**
　新年贺卡

1995 年
纸质　一张
纵 19 厘米　横 25.8 厘米

〔释文〕

敬祝钱老师及全家
　　新年快乐
　　身体健康！

　　　　学生　崔季平　贺
　　　　　1995 年 12 月

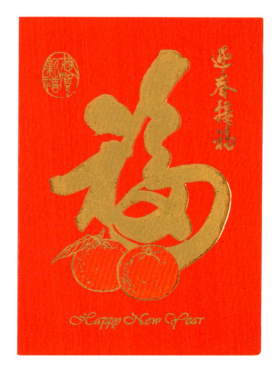

◎崔季平

　　中国科学院力学研究所研
究员。

〔释文〕

钱老：

　　敬祝

　　圣诞新年

　　幸福欢乐！

　　康泰平安！

　　　　　　　隗寿彰　敬上

　　　　　　　96.元旦

◁ **隗寿彰致钱学森的新年贺卡**

1996 年

纸质　一张

纵 19 厘米　横 26.3 厘米

◎ 隗寿彰

任职于中国人体科学研究院。

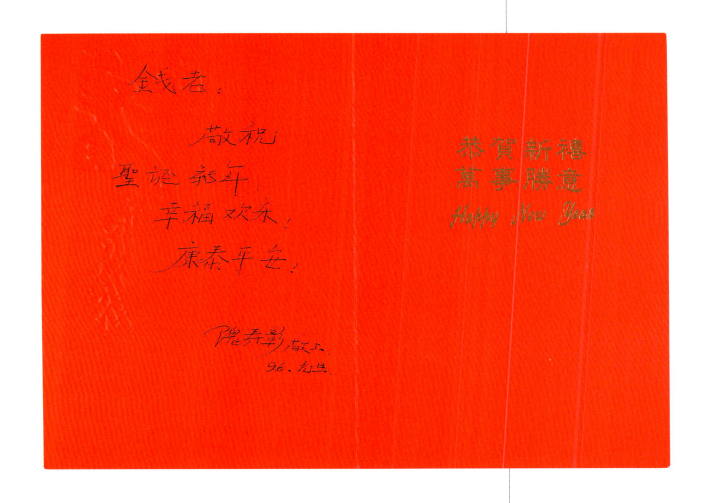

Season's Greetings

敬祝健康长寿！

傅承义
杨若宪
李　佩
郑哲敏
卢凤才
傅祖明
刘　莹　　1991.12.15

▷ **傅承义、杨若宪、李佩、郑哲敏、卢凤才、傅祖明、刘莹致钱学森的新年贺卡**

1991 年
纸质　一张
纵 16.5 厘米　横 23.1 厘米

〔释文〕

敬祝健康长寿！

傅承义　杨若宪　李　佩
郑哲敏　卢凤才　傅祖明
刘莹

1991.12.15

◎傅承义、李佩、郑哲敏

傅承义，中国科学院院士，地球物理学家，钱学森在加州理工学院读书时的好友。

李佩，应用语言学家、教育家，中国科学院大学教授，郭永怀的夫人。

郑哲敏，中国科学院院士，中国工程院院士，中国爆炸力学的奠基人和开拓者之一。

〔释文〕

敬爱的钱学森院士　蒋英教授

　　值此尊敬的钱老九十五华诞之际，我们表示衷心的恭贺，诚挚地祝愿他老人家生日快乐，身体健康，并祝全家安康！

鲍世行　徐华东　敬贺

2006 年 12 月 11 日

▽鲍世行、徐华东致钱学森的生日贺卡

2006 年
纸质　一张
纵 20.5 厘米　横 28 厘米

◎鲍世行

　　中国城市科学研究会首席专家，《城市发展研究》常务副总编，长期从事城市规划工作，多次通过书信与钱学森探讨"山水城市"相关问题。

祝福驱散寒冷

歡樂溫暖嚴冬

熱烈的節日　閃耀的心情

願您的每一天都

喜悅綿綿　歡訢無限

HAVE A HAPPY
Holiday Season

▷ **魏宏森致钱学森的
新年贺卡**

1995 年
纸质　一张
纵 18.9 厘米　横 26 厘米

〔释文〕
钱学森先生

　　祝你

　　一帆风顺　万事如意
　　新年进步　新春愉快

　　清华大学人文社会科学学院
　　科技与社会研究所
　　魏宏森贺
　　1995.12.16

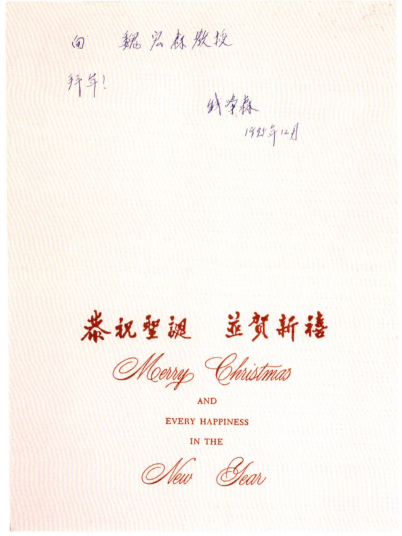

◁ **附：钱学森致魏宏森
的新年贺卡**

1995 年
纸质　一张
纵 24.1 厘米　横 17.2 厘米
魏宏森捐赠

〔释文〕

向　魏宏森教授
拜年！

钱学森
1995 年 12 月

第三部分

亲朋晚辈的殷殷问候

第三部分收录了 32 组钱学森家族亲戚、母校老师、校友同学、身边工作人员、蒋英教授学生，乃至远在海外、未曾谋面但心怀敬仰的华人等亲朋晚辈八方来贺的卡片。通过这部分贺卡，读者可以看到生活中的钱学森，也使人民科学家的人物形象更为丰满与立体。

在家族亲戚方面，宋海霞、钱磊、沈德奋、马潇是钱学森儿女钱永刚、钱永真的家庭成员，他们常在钱学森生日之际，送上"仙鹤千年寿、苍松万古春""雄风仍健在，精神在威扬"等生日祝福；也会写下诸如"敬祝您健康长寿，等着听我们成长的喜讯"的晚辈之语。姜仁卿、蒋丽似、蒋觉先、爱珍均称呼钱学森夫妇为"三姑父、三姑"，陈天崙则是钱学森堂姐钱学仁的女儿。她在新年来临之际送上亲人间的祝福，并写下："女儿张宁在 Caltech 学业进展顺利"，"暑期她曾去看望一次学榘舅舅、舅母，附上一张在他们新居门口的相片"等闲话家常。

在母校师生方面，贺卡有来自时任上海交通大学党委书记马德秀、两任校长谢绳武、张杰代表全体师生员工送上的生日祝福，也有上海交通大学阮雪榆院士和生命科学技术学院朱章玉教授送上的印有"饮水思源 爱国荣校"的新年贺卡。20 世纪 90 年代，钱学森已入耄耋之年，不仅时常回忆起范绪箕教授，而且时刻关心母校建设，呼吁"母校要面向 21 世纪"。1992 年 11 月钱学森得知母校创立生物技术研究所，遂致函朱章玉教授指出利用微生物有广阔前景，希望母校"能在下个世纪把利用微生物的工业办成像上海宝钢那样的大企业"，届时"生物技术也将成为上海交大的一个专业系了"。两年后，钱学森进一步提出"老交大的理工面貌要换新颜"，并建议设立"生物科学与技术学院"。

值得一提的是，2006 年恰逢上海交通大学建校 110 周年，且钱学森图书馆已在筹建之中，校原党委书记王宗光，校党委副书记潘敏，老领导叶敦平、范祖德，上海交通大学校史编纂委员会秘书长毛杏云及党史校史研究室老师陈泓、盛懿于新年即将到来之际，向钱学森赠送贺卡，祝贺钱学长新年快乐，健康长寿。贺卡落款 7 人均参与过钱学森图书馆筹建工作，其中盛懿曾担任上海交通大学钱学森图书馆党总支书记。

在科艺结合方面，钱学森提出"应该研究科学技术和文学艺术之间相互作用的规律"。1999 年，钱学森在夫人蒋英执教 40 周年教学研讨会的书面发言中特别说明蒋英对其工作有很大的帮助和启示，这实际上是文艺对科学思维的启示和开拓！他解释道："在我对一件工作遇到困难而百思不得其解的时候，往往是蒋英的歌声使我豁然开朗，得到启示。这就是艺术对科技的促进作用。至于反过来，科技对艺术的促进作用，那是明显的——如电影、电视等。"所以，钱学森收藏的贺卡中有来自跟随蒋英教授学习声乐的学生，如祝爱兰、吴晓路、姜咏、张汝钧等人赠送的新年祝福，感恩老师的谆谆教导及无微不至的关怀！除此之外，还有一张钱学森佩服的演员——于是之寄来的贺卡。两家本是旧识。于是之夫人李曼宜在中央实验歌剧院时期曾跟随钱学森夫人蒋英学习声乐。20 世纪 80 年代末两对夫妇在公园偶遇，钱学森一句"你是我佩服的第一个演员"，使于是之兴奋不已。

此外，还有部分贺卡是与钱学森有过工作交集的同事所赠。其中，涂元季、顾吉环、李明是钱学森生前秘书，长期在钱学森身边工作，为人熟知。王心纯是科学出版社英文编辑，1958 年《中国科学》由季刊改为月刊，并于翌年正式成立了编辑委员会，钱学森担任主编。因而，王心纯与钱学森产生工作交集，并赠送新年贺卡。不仅如此，作为科技工作者，钱学森一直关心中国科学技术协会的工作。尤其是 1986 年至 1991 年间，钱学森担任中国科学技术协会第三届主席，他认为"当了中国科协主席也还是一名普通科技人员"，他用系统工程的思想分析中国科协的具体工作，提出"要从整个社会的组成结构来看中国科协，而不能就科协自身来论科协"。本部分收录了时任中国科协党组书记邓楠、中国科协党组成员苑郑民致钱学森的贺卡。袁晓园是我国第一位女外交官，第六、七届全国政协委员，曾与担任副主席的钱学森讨论"国际老年保健康乐中心"的设想，并向钱学森赠送手书的诗词作品。

此外，本部分还收录了著名中医学家岳美中先生学术传承人李雅清、岳沛芬，大学同学郑世芬，同门师弟张捷迁（师从力学大师冯·卡门），中央电视台科技人生栏目编导吕杰，中国人民解放军原第 306 医院副院长牛忠英，以及未曾谋面但心怀敬仰的华人王苏娜等人向钱学森敬送祝福的贺卡。

姑苏吟

高寿两千五百

年文名久已冠

江南枫江夜泊

客何在寒寺钟

声千古传

丙寅初冬　晓园

▷ 马潇致钱学森的生日贺卡

2006 年
纸质　一张
纵 20.5 厘米　横 28.2 厘米

〔释文〕

亲爱的爷爷：

　　在您九十五大寿之时，衷心祝愿您健康长寿，等着听我们成长的喜讯。

　　生日快乐

马潇

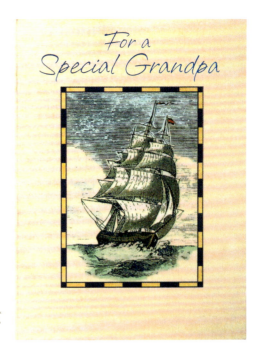

亲爱的爷々：
　　在您九十五大寿之时
衷心祝愿您健康长寿，
等着听我们成长的喜讯。

　　　生日快乐
　　　马潇

Because you're such
a wonderful grandpa
and because you mean so much...
you're wished a world of happiness
on your birthday and always.

Happy Birthday

◎马潇

钱学森的外孙。

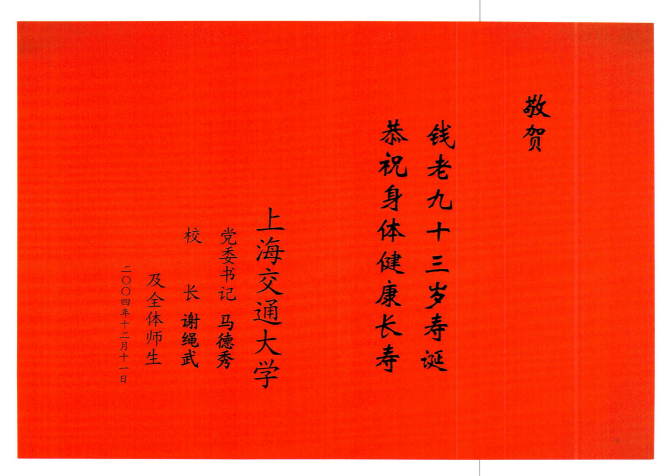

敬贺

钱老九十三岁寿诞
恭祝身体健康长寿

上海交通大学
党委书记　马德秀
校　　长　谢绳武
及全体师生
二〇〇四年十二月十一日

①

△ **马德秀、谢绳武致**
钱学森的生日贺卡

2004 年、2005 年
纸质　两张
① 纵 21 厘米　横 29.7 厘米
② 纵 26.4 厘米　横 52.6 厘米

〔释文①〕
敬贺
　　钱老九十三岁寿诞
　　恭祝身体健康长寿

上海交通大学党委书记　马德秀
　　　　校　　长　谢绳武
　　　　　及全体师生
　　二〇〇四年十二月十一日

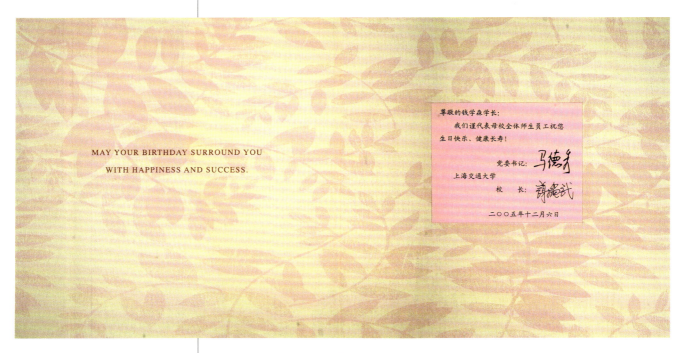

尊敬的钱学森学长：
　　我们谨代表母校全体师员工祝您
生日快乐、健康长寿！

党委书记：马德秀
上海交通大学
校　　长：谢绳武

二〇〇五年十二月六日

MAY YOUR BIRTHDAY SURROUND YOU
WITH HAPPINESS AND SUCCESS.

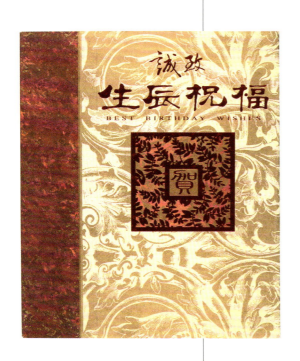

〔释文②〕

尊敬的钱学森学长：
　　我们谨代表母校全体师生
员工祝您生日快乐，健康长寿！

上海交通大学党委书记　马德秀
　　校　　长　谢绳武
　　二〇〇五年十二月六日

新 年 快 乐
Happy New Year 2007

①

◁ **马德秀、张杰致**
　　钱学森的贺卡

2006 年、2007 年
纸质　两张
① 纵 17 厘米　横 21 厘米
② 纵 43 厘米　横 29.7 厘米

〔释文①〕

　　新年快乐

马德秀　张杰
2006 年 12 月 14 日

◎张杰

　　时任上海交通大学校长。

竹

祝钱老

生日快乐

健康长寿

上海交通大学　马德秀
张　杰

二零零七年十二月十一日

②

〔释文②〕

祝钱老

生日快乐

健康长寿

上海交通大学　马德秀　张杰

二零零七年十二月十一日

ot iln рованного

◁ 王心纯致钱学森的新年贺卡

1987 年
纸质　一张
纵 17.4 厘米　横 24.7 厘米

〔释文〕
钱老：
　　祝您
　　新年快乐

王心纯敬上
科学出版社
八七,十二,二九

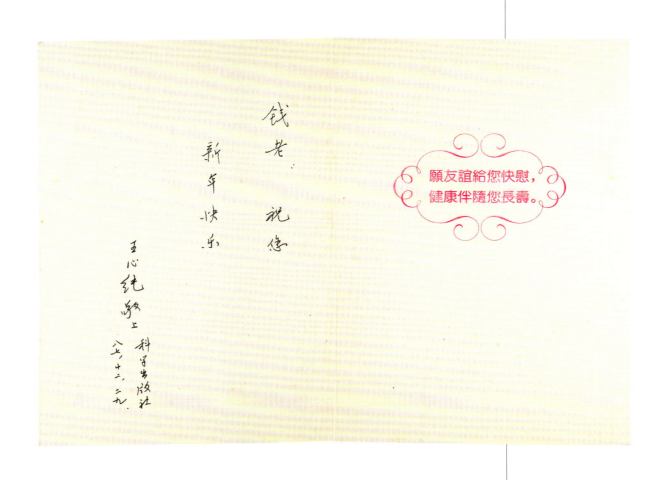

▽ 王苏娜、余志勇致 钱学森的生日贺卡

2005 年、2006 年
纸质 两张
① 纵 42.5 厘米 横 14.1 厘米
② 35.2 厘米 横 12.2 厘米

〔释文①〕

祝钱先生生日愉快，身体健康！

王苏娜

2005.11.26

祝钱老生日快乐，健康长寿

余志勇

05.11.26

祝钱爷爷生日快乐，健康长寿！

淼淼

祝钱爷爷身体健康，寿比南山。

王全

①

◎ 王苏娜、余志勇

钱学森之女钱永真的邻居。

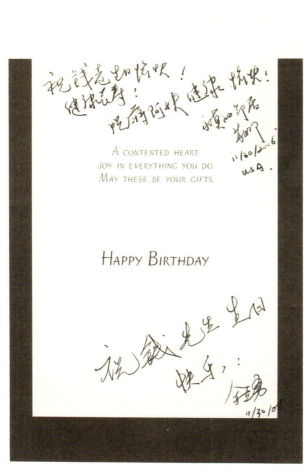

A CONTENTED HEART:
JOY IN EVERYTHING YOU DO.
MAY THESE BE YOUR GIFTS.

HAPPY BIRTHDAY

②

〔释文②〕

祝钱老生日愉快！健康长
寿！祝蒋阿姨健康愉快！
　　永真的邻居　苏娜
　　11/30/2006
　　USA

祝钱先生生日快乐！
　　余志勇
　　11/30/06

▷ 王宗光、潘敏、叶敦平、范祖德、毛杏云、陈泓、盛懿致钱学森的新年贺卡

2006 年
纸质 一张
纵 28 厘米 横 21.2 厘米

〔释文〕

钱学长：

新年快乐 健康长寿

王宗光　潘　敏　叶敦平
范祖德　毛杏云　陈　泓
盛　懿

◎王宗光、潘敏、叶敦平、范祖德

王宗光，上海交通大学原党委书记。

潘敏，时任上海交通大学党委副书记。

叶敦平，上海交通大学原党委常委、人文社会科学学院原院长。

范祖德，上海交通大学原副校长。

◎毛杏云、陈泓、盛懿

毛杏云，上海交通大学校史编纂委员会秘书长。

陈泓，时任上海交通大学党史校史研究室主任。

盛懿，时任上海交通大学党史校史研究室副主任。

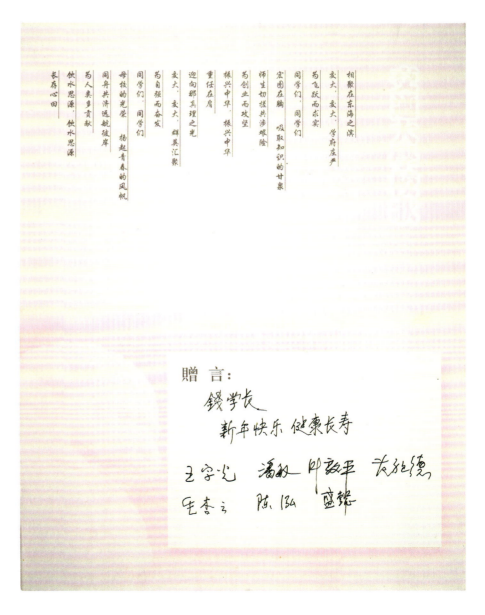

中国人民解放军第三〇六医院
306th Hospital of PLA

恭贺新禧

尊敬的钱老、
蒋教授：

真诚地祝愿您们
身体健康、生活幸福、
万事如意！

学生：忠英 敬拜

2006年新春

牛忠英致钱学森和蒋英的新年贺卡

2006 年
纸质　一张
纵 21 厘米　横 27 厘米

〔释文〕

尊敬的钱老、蒋教授：

　　真诚地祝愿您（你）们身体健康、生活幸福、万事如意！

学生：忠英　敬拜

2006 年新春

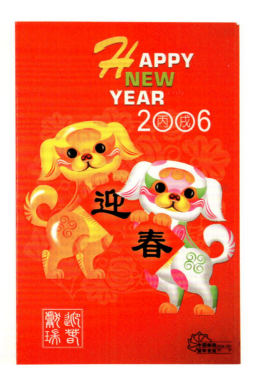

◎牛忠英

　　中国人民解放军原第 306 医院副院长。

▷ **邓楠致钱学森的新年贺卡**

2007 年
纸质 一张
纵 21 厘米 横 27 厘米

〔释文〕

钱老：

恭贺新岁 司创和谐

邓楠

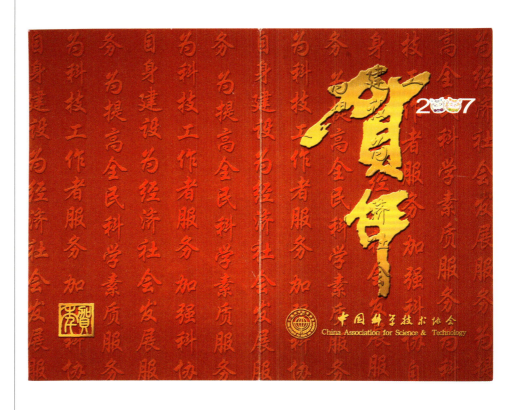

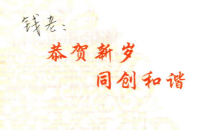

◎邓楠

时任中国科协党组书记。

敬爱的钱老：

　　您是所有华夏儿女、炎黄子孙的骄傲！

　　您的人格和精神永远是我们学习的榜样！

敬祝您：

　　九十六岁华诞快乐！健康！

　　您永远活在党和人民心中！

生日快乐！永远健康！

中央电视台科技人生编导：吕杰

Best Wishes for you

一份温馨的祝福：
幸福快乐常伴！

①

Happy Birthday
生日快乐

贺

◁ 吕杰致钱学森的生日贺卡

2007 年、待考
纸质　两张
① 纵 28.7 厘米　横 21.3 厘米
② 纵 28.5 厘米　横 21.5 厘米

〔释文①〕

敬爱的钱老：

　　您是所有华夏儿女、炎黄子孙的骄傲！

　　您的人格和精神永远是我们学习的榜样！

敬祝您：

　　九十六岁华诞快乐！健康！

　　您永远活在党和人民心中！

生日快乐！永远健康！

中央电视台科技人生编导：吕杰

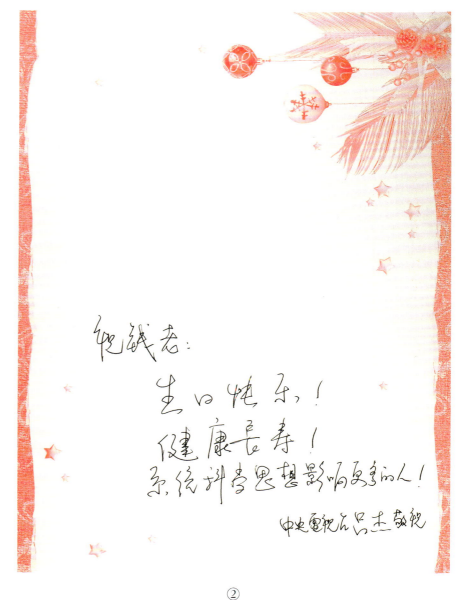

②

〔释文②〕

祝钱老：

生日快乐！健康长寿！

系统科学思想影响更多的人！

中央电视台吕杰敬祝

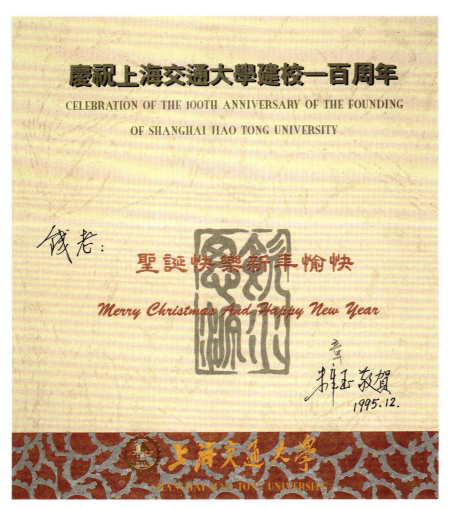

◁ **朱章玉致钱学森的新年贺卡**

1995 年
纸质 一张
纵 20.8 厘米 横 18 厘米

〔释文〕
钱老：

　　圣诞快乐　新年愉快

　　　　　　　朱章玉敬贺
　　　　　　　1995.12

◎朱章玉

　　时为上海交通大学生物科学与技术系教授。

▷ **阮雪榆致钱学森的**
新年贺卡

1995 年
纸质 一张
纵 20.6 厘米 横 18 厘米

───────────

〔释文〕

圣诞快乐 新年愉快

阮雪榆

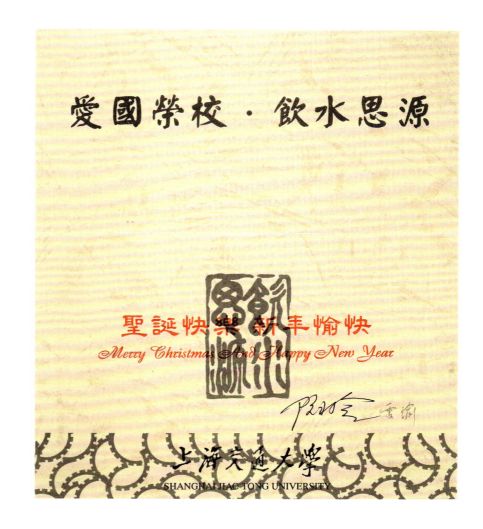

◎ **阮雪榆**

中国工程院院士，上海交通
大学教授、模具 CAD 国家工程
研究中心主任。

◁李曼宜、于是之致钱学森和蒋英的新年贺卡

待考
纸质　一张
纵 26 厘米　横 19 厘米

〔释文〕

敬祝二老：

身体健康长寿

新年春节愉快！

李曼宜　于是之贺

◎李曼宜、于是之

　　李曼宜，1956 年前后曾在中央实验歌剧院跟随钱学森夫人蒋英学习声乐。

　　于是之，著名话剧表演艺术家、中国戏剧家协会原副主席，李曼宜的丈夫。

▷ **李雅清、岳沛芬致钱学森和蒋英的新年贺卡**

1998 年
纸质　一张
纵 28 厘米　横 21.5 厘米

〔释文〕

尊敬的钱老、蒋老：

　　祝您（你）们

　　新年愉快，

　　身体健康！

李雅清　岳沛芬

九八年十二月

◎**李雅清、岳沛芬**

　　著名中医学家岳美中先生学术传承人。

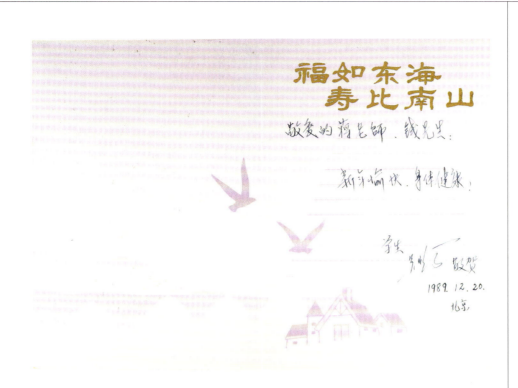

P-007

◁ **吴晓路致钱学森和蒋英的新年贺卡**

1989 年
纸质　一张
纵 17.2 厘米　横 23.3 厘米

〔释文〕

敬爱的蒋老师、钱先生：
　　新年愉快、身体健康！

学生：吴晓路敬贺
1989.12.20
北京

◎ 吴晓路

　　毕业于中央音乐学院歌剧系，师从蒋英教授。

▷ **邹允贞、宜云致钱学森和蒋英的新年贺卡**

1995 年
纸质　一张
纵 25.3 厘米　横 20.8 厘米

〔释文〕

敬爱的蒋先生、钱先生：

敬祝您（你）们

健康长寿

愉快幸福

学生：允贞 宜云敬贺

25/12-95

◎邹允贞

　　香港中央音乐学院校友会
创会会长，中央音乐学院学生。

◁ **张汝钧、韩碧莲致钱学森和蒋英的新年贺卡**

2006 年
纸质　一张
纵 20 厘米　横 28.9 厘米

〔释文〕

敬爱的钱先生、蒋老师：

　　恭祝二老身体健康！新年快乐，万事如意！

　　　　学生　汝钧　碧莲　敬贺
　　　　二〇〇六年十二月廿日

◎ **张汝钧**

　　毕业于中央音乐学院声乐系，师从蒋英教授。

▷ **张捷迁、张素坤致
钱学森和蒋英的新年
贺卡**

待考
纸质　一张
纵 29.7 厘米　横 20.5 厘米

〔释文〕
学森学长和蒋英嫂：
　　恭贺
　　新年快乐
　　健康长寿

　　　　　　张捷迁　素坤

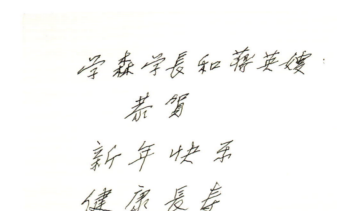

*Greetings of the Season
and Best Wishes for the New Year*

◎**张捷迁、张素坤**

　　张捷迁，早年在清华大学
任教，1940 年从清华公派赴
美留学，师从著名学者冯·卡
门（钱学森的老师），长期从
事空气动力学、流体力学、气
象学研究。
　　张素坤，张捷迁的夫人。

祝

森舅　生日愉快，

健康长寿。

天崙、延炘 仝贺
1991.12.

陈天崙、张延炘致钱学森的生日贺卡

1991 年
纸质　一张
纵 29.2 厘米　横 21.5 厘米

〔释文〕

祝
森舅
　　生日愉快，
　　健康长寿。

天崙、延炘　仝贺
1991.12

◎陈天崙

钱学森堂姐钱学仁的女儿。

南开大学
NANKAI UNIVERSITY

恭贺新禧
Best Wishes for the Happy New Year

△陈天崟、张延炘致钱学森和蒋英的新年贺卡

1995 年
纸质　一张
纵 24.4 厘米　横 17.6 厘米

〔释文〕

森舅，森舅母：

新年愉快，健康长寿。

您（你）们近来身体如何？森舅是否还要用拐杖？森舅母的头痛病好一些吗？延炘和我仍是教书、做研究、带研究生，只是由于教育投入严重不足，办学是越来越艰难了。"钱"字也更为突出，一方面各校在争取进入"211"工程，要在 2010 年办成世界上有影响的大学，要培养跨世纪的人材，与"国际接轨"，一方面图书资料大量缩减（订不起），教学在"滑坡"（或说有此倾向），师资队伍……

女儿张宁在 Caltech 学业进展顺利，第一年（三个学期）的 GPA 平均分是 4.2（A 为 4.0，A+ 为 4.3），得了 Merit 奖，现在正上四年级，也正在申请明年的研究生院，她不想念 Physics，想念 E.E.，我们也鞭长莫及，只能遥祝她顺利了。暑期她曾去看望一次学榘舅舅、舅母，附上一张在他们新居门口的相片。

延炘、天崟
95.12.8

◁ 苑郑民致钱学森的 新年贺卡

2008 年、2009 年
纸质　两张
① 纵 21 厘米　横 27 厘米
② 纵 21 厘米　横 27 厘米

〔释文①〕
钱主席：
　　恭贺新岁
　　共建和谐

　　　　　　　　苑郑民

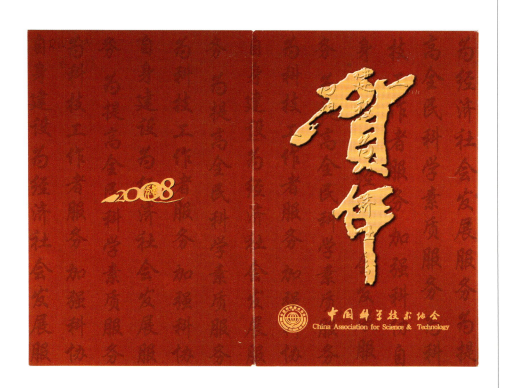

①

◎ 苑郑民

　　时为中国科协党组成员。

〔释文②〕

钱主席：

    恭祝新春快乐！

            苑郑民

②

▷ **周兴武、葛继军致钱学森的新年贺卡**

2008 年
纸质　一张
纵 24 厘米　横 21 厘米

〔释文〕

钱伯伯：

　　新年快乐！您近来身体可好？望您多多保重！

　　愿您在新的一年吉星高照，五福临门！

　　也祝您和您全家在奥运之年

人人平安、健康、幸福、快乐！

万事如意！

　　　　　周兴武　葛继军　敬贺

　　　　　二〇〇八 . 元 . 十

◎ **周兴武**

　　国防科大原副校长周明鹉的女儿。

△ 郑世芬、蒲男琛致钱学森和蒋英的新年贺卡

1998 年
纸质　一张
纵 24.1 厘米　横 17.1 厘米

学森学长兄　　蒋英教授

谨祝您

身体健康　新年快乐　阖家平安

郑世芬　蒲男琛　敬贺

学森兄：今年我国形势大好，经济稳定，外交胜利，香港一国两制成功。全国战胜特大洪灾，避免国家更大损失，我们都能静养晚年。
　　月初李岚清付总理前往看视吾兄。表示党和国家对您工作突出贡献的感激、慰问和聆教。尚望多加保重，瞻望即将来临的美景。再祝您健康长寿安乐！　弟世芬上

◎ 郑世芬

钱学森的大学同学，上海交通大学 1934 届电气系本科毕业生。

〔释文〕

学森学长兄　蒋英教授
谨祝您
　　身体健康　新年快乐　阖家平安

郑世芬　蒲男琛　敬贺

学森兄：今年我国形势大好，经济稳定，外交胜利，香港一国两制成功。全国战胜特大洪灾，避免国家更大损失，我们都能静养晚年。
　　月初李岚清付（副）总理前往看视吾兄。表示党和国家对您工作突出贡献的感激、慰问和聆教。尚望多加保重，瞻望即将来临的美景。再祝您健康长寿安乐！

弟世芬上

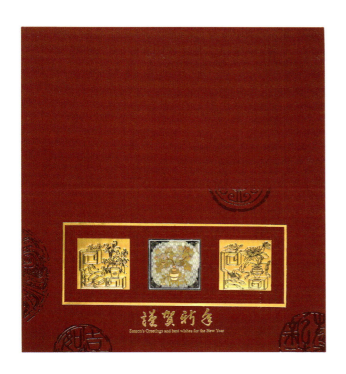

赵霁春致钱学森和蒋英的新年贺卡

2006 年
纸质 一张
纵 23 厘米 横 21 厘米

〔释文〕

钱老 蒋大姐：
    新春愉快
    健康长寿

                    赵霁春
                    2006. 元 18

◎ 赵霁春

    国防科学技术委员会副主任张震寰将军的夫人。

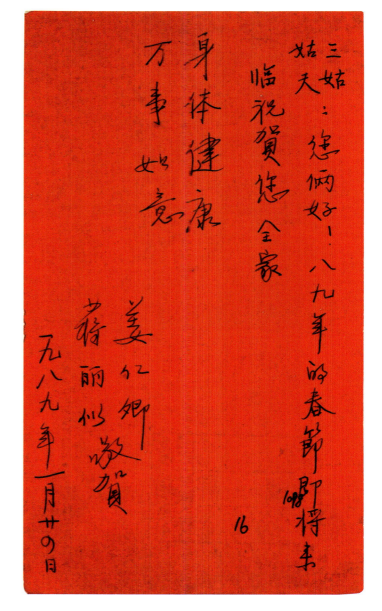

△ 姜仁卿、蒋丽似致
钱学森和蒋英的新年
贺卡

1989 年、1998 年
纸质 两张
① 纵 15.8 厘米 横 8.8 厘米
② 纵 10.2 厘米 横 18.5 厘米

◎姜仁卿、蒋丽似

蒋英的亲戚。

①

〔释文①〕

三姑 姑父：

您俩好！八九年的春节即将来临，祝贺您全家

身体健康 万事如意

姜仁卿 蒋丽似 敬贺

一九八九年一月廿四日

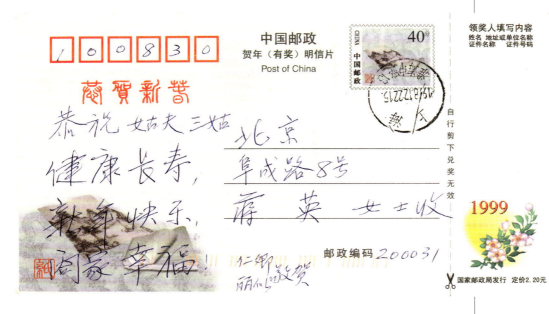

②

〔释文②〕

恭祝姑父　三姑

　　健康长寿

　　新年快乐

　　阖家幸福！

　　　　仁卿　丽似　敬贺

▷ **姜咏、刘跃等致钱学森和蒋英的新年贺卡**

2007 年
纸质　一张
纵 21 厘米　横 26.8 厘米

〔释文〕

敬爱的蒋老师、钱老：

　　祝您全家

　　新春愉快

　　万事如意

　　健康幸福！

　　　　　学生　姜咏　刘跃
　　　　学生家长　姜敏　竺远怀
　　　　　　　同贺　2007. 元旦

◎**姜咏**

　　毕业于中央音乐学院歌剧系，师从蒋英教授。

◁ **祝爱兰致钱学森和
蒋英的新年贺卡**

1994 年
纸质 一张
纵 24 厘米 横 18.3 厘米

Dec 14, 94

（手写贺卡正文）

May the season bring love and joy to you and yours!

Much Love. 爱兰 Gargon

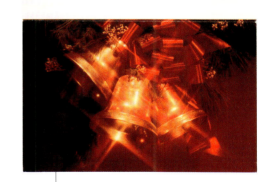

〔释文〕

亲爱的钱伯伯、蒋老师：

　　新的一年又要到来了。望着窗外纷纷的大雪，思念着您（你）们。祝您（你）们及全家新年快乐、事事顺心，身体健康！

　　转眼出门在外已是近十二年了，我从国内返回也已三个月，时常想念您（你）们，更时常回想起这些年来您的谆谆教导及无微不至的关怀！我将驱车去 Richmond 同永真、巍巍及 uncle 共度圣诞，Can't wait to see them! 感谢永刚给我寄来的漂亮照片！你还总想着我，十分感动！ Much Love.

爱兰 Gargon Dec14,94

◎*祝爱兰*

　　毕业于中央音乐学院，师从蒋英教授。

▷ **袁晓园致钱学森和
蒋英的新年贺卡**

1987 年
纸质　一张
纵 13.5 厘米　横 37.3 厘米

◎袁晓园

　　我国第一位女外交官，第六、
七届全国政协委员。

新年好

钱学森副主席暨夫人蒋瑛：

Happy New Year

袁晓园
1987

邓力群朱穆之两位同志
在中南海勤政殿接见沿
柳岸花哇归来有感

昔日帝王勤政殿
今容狂士袄清
淡百花争放鸟争
讴春物欣欣荣看
大千

一九八六年五月 袁晓园

步出深崖锦绣谷
白云飞动岑峰头
花草有情争戏艳
松泉不光待重遊
遊庐山锦绣谷岑暮
未得登三叠泉慙诸
美目矣

一九八六年夏
春季宝主

庐山小住

城居久不聽蝉聲
叢绿深藏自在身
何必攀登揮暑汗
山林何處不迷人

一九八六年盛夏
蘭陵女子晓園

〔释文〕

新年好

钱学森副主席暨夫人蒋瑛（英）：

邓力群朱穆之两位同志在中南海勤

政殿接见。沿柳岸花畦归来有感

　　昔日帝王勤政殿，

　　今容狂士纵清谈。

　　百花争放鸟争语，

　　万物欣荣看大千。

　　　　一九八六年五月　袁晓园

庐山小住

城居久不听蝉声，

丛绿深藏自在身。

何必攀登挥暑汗，

山林何处不迷人。

　　　　兰陵女子晓园

　　　　一九八六年　盛夏

步出深崖锦绣谷，

白云飞动万峰头。

花草有情争茂艳，

松泉不老待重游。

游庐山锦绣谷皆暮未得登三叠泉

俟诸来日矣

　　　　一九八六年　夏

　　　　　春蚕室主

姑苏令

高寿两千五百年，

文名久已冠江南。

枫江夜泊客何在，

山寺钟声千古传。

　　　　丙寅初冬　晓园

汉字颂　丙寅雪夜

神州老树几千年，

人家说我该靠边。

干劲根深枝叶茂，

奇葩异彩赛人间。

　　　　愚婆作于京邸

▷ **钱永真、沈德奋、**
马潇致钱学森的
生日贺卡

2005 年、2007 年、2008 年
纸质　三张
① 纵 23.2 厘米　横 32 厘米
② 纵 23.2 厘米　横 31.7 厘米
③ 纵 17.8 厘米　横 25 厘米

〔释文①〕

亲爱的爸爸：

　　在您 95 大寿之际，雄风
仍健在，精神在威扬
　　衷心祝愿您
　　生日快乐

　　　　想你爱你的女儿　永真

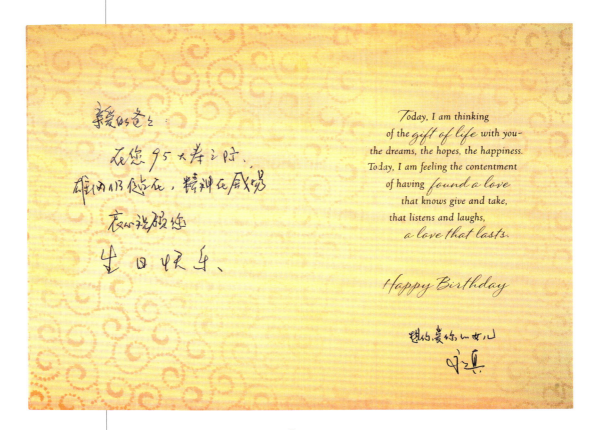

〔释文②〕

亲爱的爸爸及爷爷：

祝你生日快乐，健康长寿。

德奋 永真 马潇 敬贺

12.11.2007

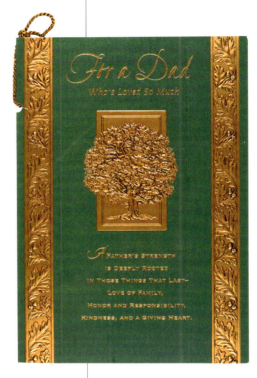

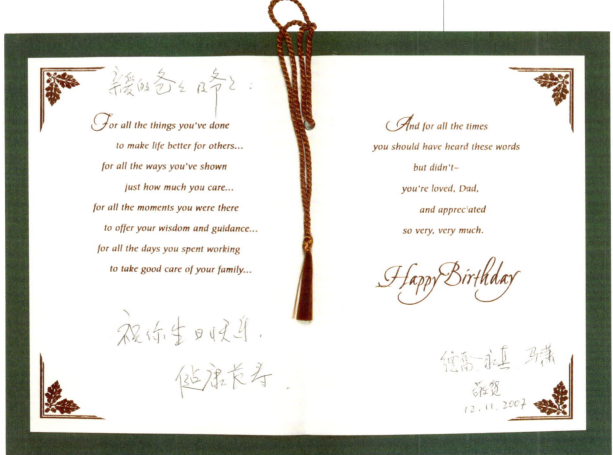

②

〔释文③〕

亲爱的爸爸：

　　在您九十八生日之际，我们衷心祝愿您健康长寿！

德奋　永真

二〇〇八年十二月

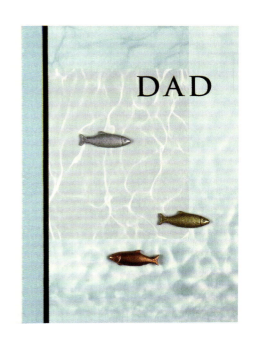

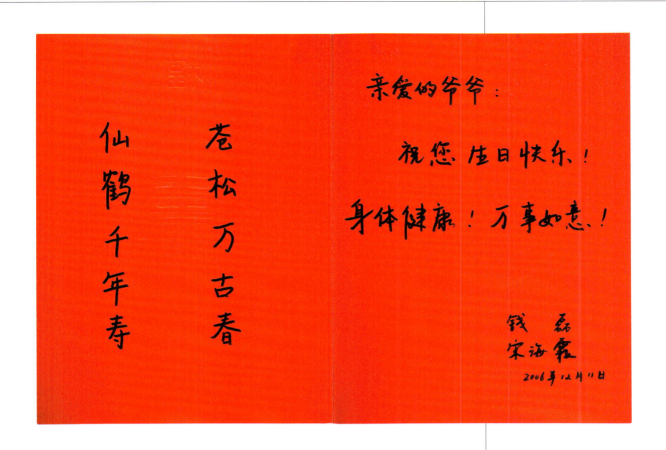

仙鹤千年寿　苍松万古春

亲爱的爷爷：

祝您生日快乐！

身体健康！万事如意！

钱磊
宋海霞
2006年12月11日

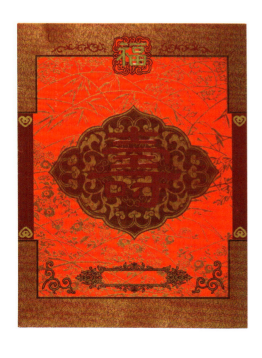

◎钱磊、宋海霞

钱学森的孙子、孙媳。

◁钱磊、宋海霞致钱学森的生日贺卡

2006 年
纸质　一张
纵 26 厘米　横 38.5 厘米

〔释文〕

仙鹤千年寿

苍松万古春

亲爱的爷爷：

　　祝您生日快乐！身体健康！

万事如意！

钱磊　宋海霞

2006 年 12 月 11 日

▷ **涂元季、顾吉环、李明、路长平致钱学森的生日贺卡**

2007 年
纸质　一张
纵 28.8 厘米　横 21.5 厘米

〔释文〕

恭祝钱老：

　　生日快乐

　　健康长寿

涂元季　顾吉环　李明　路长平
二〇〇七年十二月十一日

◎涂元季、顾吉环、李明

　　涂元季、顾吉环、李明是钱学森的秘书。

Paper Cutouts China
100% Hand-cut And Hand Mounted
Made In China

恭贺新禧
Season's Greetings

◁ **蒋觉先致钱学森和蒋英的新年贺卡**

1995 年
纸质　一张
纵 19.1 厘米　横 23 厘米

〔释文〕

三姑父　三姑：

　　祝您全家

　　新年快乐

　　吉祥如意

　　　　　　　　侄 觉先 敬贺
　　　　　　　　　　　95.12

◎**蒋觉先**

　蒋英的亲戚。

▷ **蒋觉先、爱珍致钱学森和蒋英的新年贺卡**

1998 年
纸质　一张
纵 19.1 厘米　横 21.5 厘米

〔释文〕

三姑父　三姑母：

　　祝新年快乐

　　吉祥如意

　　　　　　侄　觉先　爱珍　敬贺

　　　　　　　　　　　98.12.8

目前我俩住小女儿家

照顾小外孙女

DX 0107

后　记

　　贺卡是从中国古代流传至今能够反映人们在重大节日或重要事件的时候互致问候的一种卡片。作为一名享誉海内外的杰出科学家和中国航天事业奠基人，钱学森收藏了不同时期亲朋好友赠送的贺卡，为充分发掘和利用科学家精神教育资源，讲好科学家故事，《钱学森图书馆藏品大系》第二本《有朋来贺》精选 113 组珍贵贺卡作为主体内容编研成书。

　　贺卡见证历史。本书收录的贺卡时间跨度为 1986 年至 2009 年（有少部分贺卡具体年代尚待考证，已注明"待考"），多为钱学森生前收藏的友人于春节或钱学森生日之际敬贺祝福的卡片，后由其哲嗣钱永刚教授慷慨捐赠，另收录 5 件胡孚琛、陶文台、魏宏森捐赠的钱学森亲笔贺卡并已在文中注明捐赠者姓名。若非做说明的文物，即均来自钱学森家属捐赠。因排版需要，部分贺卡略有裁切。这些贺卡不仅记录了钱学森与友人的君子之交，而且兼具审美旨趣，皆为难得珍品。编者经过细致考证将贺卡整理为"国防战线的浓浓心意、学界同仁的美好祝愿、亲朋晚辈的殷殷问候"三部分内容。贺卡按照姓氏笔画排序，在具体分类过程中也的确存在难以拿捏和身份交叉的现象，例如涂元季虽然是系统学讨论班成员，但鉴于秘书身份，我们将其置于"亲朋晚辈"部分。由此，通过一张张精美贺卡和其中揭示的文物信息，一位爱国知识分子献身科学、服务国家、潜心研究的点滴细节跃然纸上。本书内容是钱学森个人工作、生活、学术活动的生动记录，从侧面展示了中华人民共和国成立以来广大科技工作者集智攻关、团结协作、薪火相传、接续奋斗的光辉历程，是新中国科学技术发展史的重要组成部分。

　　文物传承精神。翻阅本书，读者不仅可以看到钱学森因工作而结识的同事、朋友在贺卡中回忆钱学森带领老一辈科技工作者爱国奉献、艰苦奋斗的创业历程，和钱学森"解放思想，实事求是"的工作要求；还能管窥钱学森工作之余，与各行各业友人不分长幼、平等探讨、切磋学问的君子之交和甘为人梯、提携后学的感人细节；更能看到钱学森在生活中与亲朋晚辈相处颇感温馨的动人画面。贺卡中的祝福之意与感激之情无不向我们诉说着钱学森爱国、奉献、求实、创新、协同、育人的科学家精神。

在本书出版之际，要诚挚感谢钱学森之子钱永刚教授。正是由于其慷慨捐赠使我们有了编研基础。书中也收录了胡孚琛、陶文台、魏宏森捐赠的贺卡，深表感谢。

为做好编研工作，钱学森图书馆组织人员成立编委会，各司其职，通力合作。李芳馆长、张勇书记负责顶层设计和总体规划，馆长助理张现民老师负责部分内容的审定，徐娜、李红侠、尤若、孙逊、王诗蕙负责信息审核与内容编辑。此外，还要感谢学术委员会委员汪长明等老师为初稿提出的宝贵建议和对贺卡文字内容的甄别，以及徐菁、钟巍两位老师在封面设计和调色方面的专业指导，同时也要感谢文物出版社为此书付出的努力！

最后需要说明的是，钱学森图书馆的藏品编研工作还在有序进行，本次仅将部分整理完成的贺卡编辑出版。随着馆藏文物整理与研究工作的不断深化，将有更多文物在《钱学森图书馆藏品大系》中与读者见面。